中国社会科学院创新工程学术出版资助项目

居安思危·世界社会主义小丛书

美国的社会主义运动与思潮

雷虹艳◎著

社会科学文献出版社
SOCIAL SCIENCES ACADEMIC PRESS (CHINA)

我们愿做报春鸟

——"居安思危·世界社会主义小丛书"总序

中国社会科学院原副院长

世界社会主义研究中心主任、研究员

李慎明

"居安思危·世界社会主义小丛书"既是中国社会科学院世界社会主义研究中心奉献给广大读者的一套普及科学社会主义常识的理论读物，又是我们集中院内外相关专家学者长期研究、精心写作的严肃的理论著作。

为适应快节奏的现代生活，每册书的字数一般限定在 4 万字左右。这有助于读者在工作之余或旅行途中一次看完。从 2012 年到 2022 年这十年间，这套小丛书争取能推出 100 册左右。

这是一套"小"丛书,但涉及的却是国内外重大的理论问题和现实问题。主要介绍科学社会主义基本理论及重要观点的创新,国际共产主义运动中重大历史事件和重要领袖人物(其中包括反面角色),各主要国家共产党当今理论实践及发展趋势等,兼以回答人们心头常常涌现的相关疑难问题。并以反映国外当今社会主义理论与实践为主,兼及我国的革命、建设和改革开放事业。

从一定意义上讲,理论普及读物更难撰写。围绕科学社会主义特别是世界社会主义一系列重大理论和现实问题,在极有限的篇幅内把立论、论据和论证过程等用通俗、清新、生动的语言把事物本质与规律讲清楚,做到吸引人、说服人,实非易事。这对专业的理论工作者无疑是挑战。我们愿意为此做出努力。

目前这场正在深化的国际金融危机的总根源,就是东欧剧变和苏联亡党亡国之后全球范围内贫富两极的急遽分化。国际金融危机已经整整十个年头。但在笔者看来,再过八年、十年,国际金融危机也走不出去。这主要是因为以互联网+人工智能等为代表的新的高科技革命和新的生产工具的诞生和发展,极大地提高了全球范围内的社会生产力,但同时也加剧全球范围内的财富占有和收入分配的贫富两极分化。这正如马克思所强调:在资本主义社会,"文明的一切进步,或者换句话说,社会生产力(也可以说劳动本身的生产力)的任何增长,——例如科学、发明、劳动的分工和结合、交通工具的改善、世界市场的开辟、机器等等,——都不会使工人致富,而只会使资本致富"。① 这也就是说,在资本主义生产关系框架之内,从总体和本质上说,资本与劳动的各自致富,是一个跷跷板的两头,绝不可能是共富。资本愈是富有,广大劳动群众则必然愈是贫穷;广大劳动群众愈是贫穷,社会的有效需求则必然是愈加减少;以美国为首的西方资本主义世界所主导的经济全球化,必然使全球范围内广大民众愈加贫穷,社会的相对需求急遽减少。我们还可以做出这样的预言,在未来二三十年内,在全球范围内,大量的智能机器人会更多地挤占现有的人工工作岗位,无人工厂会雨后春笋般地在世界各地涌现。这一进程,可能要比我们常人所想象得还要快得多;其覆盖面,可能比

---

① 《马克思恩格斯全集》第 46 卷上册,人民出版社,1979,第 268 页。

我们常人想象得还要更为广阔。但资本都不雇佣工人了，普通百姓都没有工资了，谁来购买这些物美价廉的产品呢？各垄断资本集团之间追寻高额利润的残酷竞争——引发新的高新科技发展特别是智能机器人的普及——导致新的工人大量失业——社会相对需求减少——引发更多工厂破产和工人失业——加剧减少新的社会相对需求——进一步触发新的工厂的破产。以上铁的逻辑必然形成一轮又一轮的恶性循环，不断加剧全球范围内的贫富两极分化。2008年爆发的国际金融危机本质上是资本主义的经济、政治和文化价值观的全面危机，是高度发达的社会生产力即生产社会化乃至生产全球化与现存的生产关系即生产资料被极少数私人占有这一资本主义基本矛盾的一次总爆发。历史已经反复证明，这一基本矛盾在资本主义生产关系的框架内根本无法摆脱。随着这一矛盾的不断发展和深化，可以断言，更大的金融灾难必将在紧随其后的一些年内接连爆发。

凭栏静听潇潇雨，世界人民有所思。这场危机推动着世界各国、各界特别是发达国家和广大发展中国家的普通民众开始进一步深入思考。可以说，又一轮人类思想大解放的春风已经起于青蘋之末。然而,春天到来往往还会有"倒春寒";在特定的条件下,人类社会也有可能还会遇到新的更大的灾难,世界社会主义还有可能步入新的更大的低谷。但我们坚信,大江日夜逝,毕竟东流去,世界社会主义在本世纪中叶前后,极有可能又是一个无比灿烂的春天。我们这套小丛书,愿做这一春天的报春鸟。

沧海横流,方显英雄本色。目前,中国各族人民正更加紧密地团结在以习近平同志为核心的党中央周围,在马克思列宁主义、毛泽东思想和中国特色社会主义理论体系特别是习近平新时代中国特色社会主义思想指引下,沉着、坚定地迈向无比美好的未来。我们对中国共产党和社会主义的中华人民共和国充满无限美好的信心。

现在,各出版发行企业都在市场经济中弄潮,出版社不赚钱决不能生存。但我希望我们这套小丛书每册定价不要太高,相关方面在获取应得的适当利润后,让普通民众买得起、读得起才好。买的人多了,薄利多销,利润也就多了。这是常识,但有时常识也需要常唠叨。

敬希各界对这套丛书进行批评指导，同时也真诚期待有关专家学者和从事实际工作的各级领导及各方面的人士为我们积极撰稿、投稿。我们选取稿件的标准，就是符合本丛书要求的题材、质量、风格及字数。

2018 年 5 月 5 日

目录 | Contents

1 | 前 言

5 | 一 美国有没有社会主义——关于"美国社会
主义例外论"的讨论

5 | （一）"美国社会主义例外论"的由来及含义

10 | （二）围绕"美国社会主义例外论"展开的争论

16 | （三）"美国社会主义例外论"是一种误读

20 | （四）"美国社会主义例外论"的实质

23 | 二 美国社会主义运动与思潮的发展历史

23 | （一）空想社会主义与共产主义实验

29 | （二）早期科学社会主义在美国的传播

34 | （三）美国工人党的成立及分裂

36 | （四）美国社会党与密尔沃基模式

40 | （五）美国共产党与罗斯福新政

44 三 苏东剧变后美国共产党对美国特色社会主义的探索

44 （一）苏东剧变后美国共产党的状况

48 （二）美国共产党对党纲的修改

51 （三）"权利法案社会主义"

53 （四）建设一个现代、成熟、富有战斗力的群众性政党

56 （五）大选中美国共产党的策略

60 四 2016 年美国大选中的社会主义因素

60 （一）美国大选中的"社会主义者"

63 （二）桑德斯的"政治革命"

65 （三）美国人民渴望改变

68 （四）桑德斯在美国大选初选中异军突起是资本主义矛盾发展的必然结果

70 （五）桑德斯真的是社会主义者？

74 五 21 世纪初美国社会主义运动面临的机遇与挑战

75 （一）世界社会主义运动进入振兴阶段

80   （二）社会主义思潮在美国得到发展契机

84   （三）金融危机后美国民意开始转变

89   （四）特朗普时期美国社会主义运动面临新的挑
         战

96 六 美国社会主义运动曲折发展的原因及其
         对发达资本主义国家社会主义探索的启
         示

97   （一）美国社会主义运动曲折发展的原因

106   （二）美国社会主义运动相对于发达资本主义国
         家社会主义探索的特殊性

109   （三）美国社会主义运动对发达资本主义国家社
         会主义探索的启示

前　言

一百年前,停泊在涅瓦河上的"阿芙乐尔号"巡洋舰一声炮响,伴着赤卫队队员们冲向冬宫的呐喊声,俄国十月革命宣告胜利,世界上第一个社会主义的苏维埃政权诞生,从此揭开了人类历史的新篇章。"十月革命一声炮响,给我们送来了马克思列宁主义",社会主义中国的建立既是十月革命的伟大成果,又使十月革命的世界历史意义得到升华。2017 年 11 月 7 日,正值十月革命一百周年,以此为契机,国际上关于社会主义的讨论又日趋活跃。面对世界社会主义运动史上这一重大事件,无论是从"社会主义反思"还是从"社会主义振兴"的角度,我们都对中俄两国给予了最多的关注。然而在世界社会主义的研究中我们也不应该忘记当今世界上最发达的资本主义国家美国,这个空想社会主义者眼中的社会主义土壤,而又似乎与"现实社会主义运动"最绝缘的国家。

自从 1906 年德国经济学家维尔纳·桑巴特出版了《为什么美国没有社会主义》一书,"美国社会主义例外论"就与美国社会主义问题结下了不解之缘。此后,各国政治学家和社会学家围绕美国有没有社会主义展开了激烈争论。从历史上看,美国确实具备很多特点,可以说是一个与众不同的国家。美国没有经历过封建社会,建国之初就基本上确立了资本主义的原则。同时,美国经济发展迅速,后来居上,到 19 世纪末就跃居资本主义世界工业大国的榜首。这些对于美国历史上的社会主义运动和思潮都产生了重大影响。但美国作为资本主义国家的一员,终究难以逃脱人类社会发展的共同规律,哪里有生产社会化和生产资料私有制之间的根本矛盾,哪里就会有批判和反对资本主义的社会运动和社会思潮。三百多年来,随着资本主义的发展,社会主义传播到了世界各地,成为世界性运动和思潮,美国的所谓"例外"也无法对历史规律进行超越与否定。

美国的历史发展经验表明,在迅速发展的资本主义生产方式下,美国人民为反对资产阶级和争取自身的解放进行了多姿多彩的、前赴后继的斗争。从早期的共产主义实验到科学社会主义的传播,从美国工人党的成立到美国共产党的探索,从密尔沃基模式到罗斯福新政,美国非但不"例外",还存在较多的社会主义运动和思潮,一直深受社会主义的影响。特别是作为国际工人运动中的一支重要力量,美国共产党在其长期的社会主义实践中,历经了起起伏伏的变化,积累了对社会主义理论的丰富认识。在苏东剧变后,美国共产党对自身的发展进行了重新定位,根据本国国情对其方针政策进行了适度调整。进入21世纪,以萨姆·韦伯为首的美共新领导班子对社会主义基本理论进行了新发展,并提出新的实践斗争战略策略。2014年,约翰·巴切特尔接替萨姆·韦伯成为美共新一届的主席,开启了美共独立自主探索美国社会主义道路的新篇章。

21世纪,人类社会正处在一个大发展大变革大调整时代,世界多极化、经济全球化、社会信息化、文化多样化深入发展,和平发展的大势依然强劲,变革创新的步伐继续向前。随着美国国内外政治、经济、文化状况的深刻变化,美国社会主义运动一方面面临机遇和蕴藏巨大的潜力,另一方面也必然面临各种困难与挑战。虽然当今美国资本主义仍然是高度发达的资本主义,自我创新、调节和更新的能力都还很强,还远未发展到尽头,短时期内美国社会主义运动还难以取得成功,甚至还将遇到很多坎坷与曲折;但是由社会规律所决定的社会总的发展趋势是不会改变的,只要资本主义制度仍然在美国存在,美国对社会主义道路的探索就不会消亡。

一 美国有没有社会主义——关于"美国社会主义例外论"的讨论

自从 1906 年德国经济学家维尔纳·桑巴特出版了《为什么美国没有社会主义》一书,"美国社会主义例外论"就与美国社会主义问题结下了不解之缘。迄今为止,"美国社会主义例外论"与美国的社会主义问题得到了各国政治学家和社会学家的广泛关注,并引发了激烈争论。关于美国有没有社会主义的讨论不是孤立的,这一问题对于研究美国的社会主义运动乃至世界社会主义运动都具有重要意义。它不仅影响到未来美国及其他资本主义国家政治和社会发展的基本方向,有助于我们更加科学地理解马克思恩格斯关于社会历史发展规律的学说,而且关系到真正的马克思主义者在不同地区、不同时代和变化了的世界条件下,如何认识、继承和发展科学社会主义。

(一)"美国社会主义例外论"的由来及含义

法国学者托克维尔在他的成名作《论美国的民主》中

正式提出了"美国例外论"。托克维尔通过在美国9个多月的考察,得出美国在地理环境、宗教民情、自由法制等方面都与欧洲大陆的国家截然不同的结论。他在书中写道:"美国人的际遇完全是一个例外,我相信今后不会再有一个民主的民族能逢这样的际遇。"①实际上,"美国例外论"的观点一直深刻地存在于美国人的思想之中,并广泛影响着他们的行为方式。1906年,德国经济学家维尔纳·桑巴特出版了《为什么美国没有社会主义》一书,与托克维尔对美国社会生活领域的关注不同,桑巴特更强调美国在社会发展过程中例外于各国发展的普遍模式。作为资本主义经济最为发达的国家,美国的工人阶级应该成为最激进的社会主义运动的支持者,美国应该最有可能成为社会主义的经典案例。然而,当工人运动在西欧经济发达国家风起云涌之际,美国却没有发生大规模的社会主义运动,各种形式的社会主义政党也并未在美国发展壮大。从19世纪末到20世纪初,美国国内外学

---

① 〔法〕托克维尔:《论美国的民主》(下),董果良译,商务印书馆,2013,第607页。

者对美国社会主义运动未能成功的原因进行了探索。以桑巴特为代表的学者所强调的"美国社会主义例外论",主要是指美国工人缺乏阶级意识,美国没有一个强大的社会主义政党。他们认为与欧洲及其他各国相比,美国是一个没有社会主义的国家,社会主义运动和政党在美国也必然失败,就此而言,美国是一个例外。在《为什么美国没有社会主义》这本书中,桑巴特运用大量数据资料比较了美国工人与欧洲工人,尤其是与德国工人在政治地位、经济状况、社会地位三方面的不同,总结了美国工人的阶级独特性。桑巴特认为正是这些特点使美国工人不信奉马克思主义,因此美国工人没有阶级意识。

第一,在政治上,运作良好的两党制能够较好地抑制第三党的兴起,而美国工人在国家政治生活中又具有相对较高的政治地位。美国建国之初,就被两个几乎同样强大的政党统治,包括社会主义政党在内的第三党无论在人力还是财力方面都难以与之抗衡。与此同时,美国的两大党都不是意识形态的党,为了夺取第三党的政治基础,常常会适当吸收第三党的政策以赢得选票。而美国工人对政权的热爱来源于他们始终享受充分的政治平等。美国的白人成年男性在 1860 年已经普遍获得选举权。对公共生活的充分参与使美国工人融入民族共同体成为可能。

第二,在经济状况上,美国工人拥有比欧洲工人更高的工资水平和生活水平,这在一定程度上消蚀了美国工人阶级潜在的激进主义倾向。桑巴特通过数据比较发现:美国工人的货币工资是德国工人的 2～3 倍,在花费上同样是德国工人的 2～3 倍,他们把多出来的收入用来更好地满足自己在住房、饮食和穿衣上的需求。① 也就是说,美国工人比他们的德国同事住得更好,穿得更好,也吃得更好。在这种情况下,任何对于现存社会秩序的不满都难以在美国工人的头脑里生根发芽,特别是当他们可以忍受的甚至是舒服的生活水平看来能够一直维持下去时尤其如此。

第三,在社会地位上,美国公共生活的民主方式使美国工人对资本主义持友好态度,而较大的社会流动机会

① 〔德〕维尔纳·桑巴特:《为什么美国没有社会主义》,赖海榕译,社会科学文献出版社,2014,第 113～143 页。

和开放的边疆地区,容易使美国工人阶级感到安全和满意。这首先得益于美国是一个基本上包容一切移民并且没有封建传统的国家,即使在资本主义经济内部,雇主也是礼貌地对待劳工。其次,美国的资本主义通过各种奖励和利润分享既满足了工人的物质需求,又将工人在经济上与资本主义制度融为一体。桑巴特认为,从阶级流动性来看,美国工人脱离本阶级的可能性大于欧洲工人,不少美国工人通过自己的努力能够从普通工人到达财富和权利的最高峰。① 此外,在地域上,美国西部广阔的自由土地的存在把工人从资本主义的压迫中解放出来,他们甚至可以根据自己的意愿,通过在自由土地上的殖民使自己成为独立的农场主。如果西进就可以解决问题,为什么要把自己的命运交给激进分子呢? 这种能够选择逃离资本主义的可能性,拔掉了美国工人阶级敌视资本主义的芒刺。②

---

① 〔德〕维尔纳·桑巴特:《为什么美国没有社会主义》,赖海榕译,社会科学文献出版社,2014,第175页。

② 〔德〕维尔纳·桑巴特:《为什么美国没有社会主义》,赖海榕译,社会科学文献出版社,2014,第175~182页。

桑巴特由于深受当时支配着德国左派的"庸俗唯物主义"的影响,因此他主要是从经济方面而非社会方面来解释美国工人阶级对于社会主义的反感。全书用了最长的一章来论证美国普通工人的绝对生活水平远在德国工人之上,美国工人阶级潜在的激进主义倾向因美国资本主义所提供的物质报酬而消亡了这样一个命题。书中有一句后来被人们反复引用的名言:"在烤牛肉和苹果派面前,一切社会主义的乌托邦都烟消云散了。"[1]

(二)围绕"美国社会主义例外论"展开的争论

除了桑巴特,马丁·李普塞特、弗里德里克·特纳、路易斯·哈茨、约翰·康芒斯和塞利格·珀尔曼、罗宾·阿彻等著名学者都表示了对"美国社会主义例外论"的认同。他们的观点要么与桑巴特类似,要么在桑巴特的基础上提出了新的解释。"边疆学派"代表特纳在《美国历史上的边疆》一书中充分论证了桑巴特的西部自由土地理论,他认为美国西部的自由土地成了缓和美国社会矛

---

[1] 〔德〕维尔纳·桑巴特:《为什么美国没有社会主义》,赖海榕译,社会科学文献出版社,2014,第163页。

盾的"安全阀",由此他得出美国社会不同于欧洲国家,没有社会主义存在的余地的结论。威斯康星学派的康芒斯和珀尔曼则更具体地提出了"美国工人运动和社会主义运动例外论"。康芒斯坚信,正是桑巴特所概括的美国工人阶级的特性使美国工人具有强烈的个人主义特点而非社会主义特点,这是社会主义在美国必然失败的主要原因。珀尔曼赞同桑巴特关于美国工人缺乏阶级意识的说法,认为取而代之的是美国工人的职业意识。威斯康星学派试图通过美国工人运动和社会主义运动的例外论,说明美国无产阶级只需在竞选中投票给资产阶级两大党中能够维护工会要求的候选人,而无须成立独立的社会主义政党。① 第二次世界大战后,哈茨在他的著作《美国的自由主义传统》中提到西方到处存在的封建因素是社会主义思想的起因,而自由的美国跃过了历史上的封建主义阶段,没有封建传统和严格的阶级结构,是一种例外的社会,美国社会党和社会主义运动的失败不可避免。②

---

① Perlman,S.,*A Theory of the Labor Movement*,Macmillan,1928,p. 169.
② 〔美〕路易斯·哈茨:《美国的自由主义传统》,张敏谦译,中国社会科学出版社,2003,第3~6页。

2007 年,英国教授阿彻在其《为什么美国没有工党》一书中,比较了美国和澳大利亚的劳工和政党,认为是新工会主义的软弱、镇压的水平、宗教和社会主义的宗派主义影响了美国的工人运动。[1] 作为美国著名的政治学家、社会学家,李普塞特对"美国社会主义例外论"的研究深受桑巴特的影响,在对桑巴特关于"美国社会主义例外论"深入研究的基础上,李普塞特出版了著作《没有发生在这里:为什么社会主义在美国失败了》,他肯定了"美国没有社会主义"的说法,但他更强调桑巴特的价值替代论,即自由民主的"美国主义"对于消解社会主义的重要性。美国的工人阶级认为在现存的经济政治体制内就能够获得社会主义运动所要追求的平等和自由,因而不需要反体制的社会主义政党运动。[2]

另外,桑巴特在书中对美国为什么没有社会主义的解释也遭到了很多批评。肖恩·威伦茨在他的文章《反对

---

[1] Archer, R., *Why is there no Labor Party in the United States*, Princeton, N. J. : Princeton University Press, 2007, p. 4.

[2] Lipset, S. M. , Marks, B. , *It didn't Happen here: Why Socialism Failed in the United States*, W. W. Norton & Company, 2000, p. 266.

美国例外主义：阶级意识和美国工人运动，1790～1920》中
指出，国家的阶级意识应该是各具特点的，不能因为美国
没有纯粹的社会主义阶级意识而认为美国工人没有阶级
意识，美国工人的阶级意识掺杂着社会主义传统。① 美国
社会民主主义的头号理论家迈克尔·哈灵顿在《为什么
美国没有社会主义》1976 年的英译本前言中提到桑巴特
忽略了欧洲社会福利的二次分配，因此美国工人未必比
欧洲工人更加富裕。同时，桑巴特认为工人生活水平提
高就会反对社会主义运动的观点也令人难以信服。在某
些情况下，比如 19 世纪末期的德国和 1968 年的法国，社
会主义运动的高潮正是伴随着本国经济的繁荣富裕而到
来的。而且在工人阶级内部，社会主义有时在手工业工
人和其他熟练工人这些无产阶级的较为幸运的阶层中，
获得了最大的支持。更多的学者还批评桑巴特关于"美
国工人对资本主义持友好态度"与"自由土地能把工人从
资本主义的压迫中解放出来"这两个论据前后矛盾，既然

---

① Wilentz, S. , "Against Exceptionalism: Class Consciousness and the A-
merican Labor Moment, 1790 - 1920", *International Labor and Working
Class History*, No. 26, 1984, p. 26.

美国工人如此热爱资本主义,那他们为何要逃往自由的西部呢?

在美国共产党的发展过程中,也出现过关于"美国社会主义例外论"的辩论,1929年,美共中央书记洛夫斯顿还曾因发表过类似言论而被驱逐出党。共产国际第六次代表大会第十四次会议上洛夫斯顿表达了虽然美国帝国主义内部存在一系列根本矛盾和明显的衰退因素,但是美国的资本主义在当时仍处于上升阶段,还拥有相当力量和潜力,虽然美国革命化的规模不断扩大,但是还未达到全国化的规模的观点。① 但是反对者认为,美国资本主义就要达到它生长的顶点了,美国的革命化过程已经具有普遍性,已经席卷工人阶级的基本群众。所以美国极有可能爆发一场带有革命特点的斗争,美国不是欧洲,美共应该采取阶级对抗阶级的策略。② 福斯特指出洛夫斯顿的实际主张是,"美国跟其他国家的资本主义不同而且

---

① 参见戴隆斌编《国际共产主义运动历史文献》(第46卷),中央编译出版社,2013,第38~45页。

② 肖庆平:《共产国际反对美共洛夫斯顿派所谓"美国例外论"的斗争》,《当代世界与社会主义》1986年第2期。

要比他们优越,因此美国可以不受资本主义制度的成长和衰退的规律的限制","虽然资本主义在世界其他地方正陷入日益加深的危机,工人的革命斗争的到来可以预见,但美国的资本主义则肯定是在向上发展,阶级斗争的尖锐化是没有指望的。"①洛夫斯顿与以福斯特为代表的反对派的分歧在于:洛夫斯顿将不可避免的美国资本主义危机推到了遥远的未来,而福斯特则认为它就在眼前。最终福斯特和共产国际将洛夫斯顿的"美国例外论"认定为对美国国情的永久性的错误判断,是对美共和共产主义的背叛,洛夫斯顿因此被撤职并被清除出党,"美国例外论"在很长一段时间内被视为共产国际中的一种异端邪说。在被开除出党之后,洛夫斯顿仍然坚称他的"美国例外论"是根据不同国家的不同情况与特点得出的具体策略。②

---

① 〔美〕威廉·福斯特:《美国共产党史》,梅豪士译,世界知识出版社,1957,第 288 页。

② 俞凤:《重评洛夫斯顿的"美国例外论"》,《当代世界社会主义问题》2016 年第 4 期。

（三）"美国社会主义例外论"是一种误读

从桑巴特到李普塞特的"美国社会主义例外论"大多仅仅停留在对美国工人阶级生活领域的现象观察以及对美国价值观的推演上,孤立静止地看待影响美国社会主义发展的因素,难免带有唯心主义的色彩。事实上,"美国社会主义例外论"是一种误读,美国并非处于资本主义的普遍规律之外。

桑巴特在《为什么美国没有社会主义》一书中明确提出了"为什么美国没有社会主义"的问题,并做出了比较全面的解释,对于我们研究发达工业社会里工人阶级的阶级意识以及美国的社会主义问题都具有重要价值。但同时桑巴特一生思想复杂而多变,使得他在此书中的观点也不够连贯,甚至前后矛盾。

按照桑巴特的理解,所谓美国没有社会主义是仅就"美国的工人阶级不信奉社会主义"这一论断而言的,即与欧洲工人相比,美国工人没有明确的阶级意识。他在书中强调:"美国没有社会主义,特别是美国式的社会主义这个论断是否真的正确。如果认为根本没有,那么毫无疑问是错误的。"①可见,在 1906 年美国社会主义运动处于上升期之时,桑巴特并未从本质上否定当时社会主义在美国的产生。实际上,从桑巴特和李普塞特等人有关"美国社会主义例外论"的著作中可以看出,美国究竟有没有社会主义的关键在于如何理解把握社会主义的含义。"社会主义"一词最早出现于 18 世纪中叶的欧洲,源于古代拉丁文 socialis,原意为"同伴""善于社交"等,到了 19 世纪二三十年代空想社会主义者才开始把"社会主义"一词用作他们向往的、与资本主义大不一样的一种新社会思潮、新社会制度的名称。② 在现实中,"社会主义"是个多义词,其含义一般包括了三个方面,即社会主义制度、社会主义运动和社会主义思想体系。理解美国是否有社会主义,也应该从这三方面入手。第一,如果社会主义指的是一种政治制度,那么到目前为止不仅美国没有,欧洲发达国家也没有。第二,如果社会主义指的是一种

---

① 〔德〕维尔纳·桑巴特:《为什么美国没有社会主义》,赖海榕译,社会科学文献出版社,2014,第 24 页。

② 高放:《科学社会主义的理论与实践》,中国人民大学出版社,2014,第 7 页。

运动,那么在美国历史上一直绵延不绝。早在 19 世纪末美国资本主义进入垄断阶段的时候,美国就出现了全国性的罢工。1886 年以芝加哥为中心的争取 8 小时工作制大罢工成为"五一"国际劳动节的历史起源。在工人运动的推动下,工人运动领袖尤金·德布斯创立了美国社会民主党,之后又和希尔奎特领导的社会主义工人党温和派合并,成立了美国社会党。一战结束后,随着世界社会主义的大分野,由查尔斯·鲁登堡领导的美国社会主义左翼组织成立了美国共产党。在这些左翼政党的组织和领导下,20 世纪 30 年代大萧条时的劳工运动以及 60 年代为平等主义精神所激励的民权运动,先后推动了美国国内带有社会主义性质的重大社会变革。第三,如果社会主义指的是一种正义、公正、平等的思想或价值体系,那么美国不仅有,而且很突出。这体现在很多方面:在社会方面,与欧洲国家相比,美国没有封建等级制度,人与人之间没有阶级差别的标志,决定一个人威望的,不是他的身份,而是他的成就;在经济方面,一般认为,职工持股制度最早就起源于美国,这种使员工成为本企业的股票拥有者的员工受益机制在一定程度上使雇主和工人上的差异消失在一种共同的所有权里。同时,美国具有广泛的福利制度,政府用于公共事业的开支比例很大。因此,就社会主义的含义而言,美国工人阶级缺乏阶级意识,并不能等同于美国没有社会主义。[1] 那些认为"美国没有社会主义"的学者,他们在对自己的观点进行阐述和证明的同时,也恰恰承认了美国具有社会主义的诸多因素。

继桑巴特之后美国学者对美国的社会主义运动进行了研究,提出了"美国社会主义例外论"的各种解释。应该说在一定程度上,正是这些因素相互作用,影响了美国社会主义运动的兴衰,使得美国的社会主义发展具有不同于其他国家的特点。但是仅仅强调美国社会发展中的某一个或某几个因素,例如西部的自由土地、缺乏封建传统、美国工人的个人主义,等等,并且把这些因素看作一成不变的,那么就会对美国的社会主义发展前景做出错误的判断。事实上,今天阻碍美国社会主义发展的这些因素已经有所改变。例如到 19 世纪后半叶美国西部的

---

[1] 许宝友:《从桑巴特到李普塞特的美国社会主义例外论》,《科学社会主义》2005 年第 1 期。

自由土地就已经开发殆尽,工人阶级实际上已经没有成为真正农场主的指望了,而由于托拉斯的形成,工人们盼望变成小商人或工业家的希望也越来越渺茫。如今,美国的社会财富高度集中在以华尔街为代表的少数美国人手中,美国虽为世界上富人最多的国家,但它的不平等程度也最为显著。美国大选进一步成为有钱人的游戏,政党分肥制普遍盛行,美国民主制度的虚伪性逐渐暴露。因此,美国社会主义运动未能取得成功与美国社会主义注定失败是完全不同的两个概念。在《为什么美国没有社会主义》一书的结尾部分,桑巴特对美国社会主义未来的发展也做了与他前文相反的预测,他指出:"所有这些迄今为止阻碍了社会主义在美国发展的因素都将消失或将转向它们的反面,其结果是,在下一代人那里,社会主义在美国很有可能出现最迅速的发展。"①

(四)"美国社会主义例外论"的实质

美国是否存在社会主义是一个关系到美国当下左右

---

① 〔德〕维尔纳·桑巴特:《为什么美国没有社会主义》,赖海榕译,社会科学文献出版社,2014,第184页。

之争的问题。美国人一直为自己的历史感到自豪,所以无论是左翼还是右翼都经常求助于美国历史来证明他们政策的正确性。"美国社会主义例外论"的出现在一定程度上恰好迎合了垄断资产阶级维护其统治的需要,使美国右翼有足够正当的理由反驳左翼的政策主张。例如,美国共和党众议院前议长纽特·金里奇在他的《拯救美国》一书中就以"我们是谁"为起点展开了对左翼的批评。他指出:"我们明白美国是一个特殊的国家,我们在政治和社会生活中将自由与秩序、对力量的崇尚与对弱者的同情、宗教信仰与宗教宽容很好地结合起来,在世界上独一无二。"①金里奇在书中将社会主义社会称为世俗社会化社会,认为以奥巴马、佩洛西、雷德为首的左派是毫无争议的世俗主义者和社会主义者,谴责这些左派精英不相信美国例外论,凭自己的喜好,像操作机器那样,随意改变国家,一心将美国打造成为一个世俗社会化社会。所谓"拯救美国"就是要把美国从社会主义的迷失中拯救

---

① 〔美〕纽特·金里奇:《拯救美国》,顾国平、张艳妮译,中国法制出版社,2012,第1页。

出来。相反,如果美国在社会主义方面并不例外,那么美国左翼就会为自己的政策主张找到合理性,也不必担心受到右翼的指责。美国政论家约翰·尼古拉斯就试图通过回顾美国社会主义传统来捍卫左翼的政策。他在《美国社会主义传统》一书中明确提出美国是一个具有社会主义传统的国家,社会主义观念在过去的两个世纪中塑造和巩固了美国,要理解美国,尊重这个国家的过去、现在、可能的未来,就必须承认社会主义这个传统。① 由此可见,"美国社会主义例外论"是一把"双刃剑",它既可以砍向社会主义的普遍论,也可以砍向反社会主义的普遍论。

---

① 〔美〕约翰·尼古拉斯:《美国社会主义传统》,陈慧平译,社会科学文献出版社,2013,第 7 页。

二 美国社会主义运动与思潮的发展历史

(一) 空想社会主义与共产主义实验

从历史上看,美国并不是一个不能接受社会主义思想的国家,相反,它曾经为各种各样的社会思潮提供了实践场所。1620年9月6日,一艘名为"五月花号"的船只在清教改革家威廉·布雷福德的率领下,离开英国普利茅斯港口,驶向遥远的彼岸。全船乘客102名,主要由逃避宗教打压和迫害的英国清教徒组成。他们在海上漂泊了66天,经历了缺水、断粮、风浪等种种严峻的考验,直到1620年11月11日,才靠近北美大陆的海岸线。此行的目的地原本是哈德逊河口地区,但风浪使船只偏离了航向,把他们带到了科德角对面的普里温斯顿港。上岸前为了确定如何管理未来的新世界,船上的41名成年男子共同签署了生死与共的《五月花号公约》,立誓以上帝的名义进行清教实验,创立一个不同于欧洲的自治社会。这份公约虽然寥寥数语,不足300字,却是新大陆移民重要的政治性契约,被认为是美国民主的基石,其中所体现的民主与法制的美国精神,吸引着世界各地的人们对这个新的大陆的向往。

二百多年后,众多国家的空想社会主义者,纷纷怀揣梦想、充满希望来到这片没有封建传统的土地上,建立共产主义实验场所,实现他们的社会理想。最早来到美国进行空想社会主义实验的是罗伯特·欧文。1824年当英国空想社会主义者罗伯特·欧文得知美国印第安纳州的拉普派移民区出售时,他立刻下定决心,买下了这个移民区和上面的一切东西,并亲自赴美国进行他的共产主义公社实验。1825年,欧文在美国印第安纳州建立了美国第一个欧文主义公社——"新谐和公社"。"新谐和公社"是一个正规设计的村落,街道彼此垂直交错,有一个公共广场、几座巨大的建筑物以及许多住宅和工厂。开始,欧文很满意自己的实验,希望,"新谐和公社"能够成为理想社会的起点,他和合作者在公社施行了一系列体现其观点的计划,包括政治、经济、教育等各方面。然而,随着时间的推移,"新谐和公社"的缺陷日益暴露,缺乏计划和有力的领导、庞杂不调和的公民、与合作者观点的冲突等因素使"新谐和公社"的共产主义实验持续不到五年时间便走向失败,社员一个个退出了公社。除了"新谐和公社"这个欧文直接建立的公社外,在俄亥俄、纽约、印第安纳等地相继出现另外18个受欧文影响而建立的欧文主义公社,可是它们都遭遇到和"新谐和公社"相同的命运。

欧文主义公社是推进社会理论和作为宣传工具在美国组织的第一批公社。继欧文实验之后的19世纪40年代,傅立叶主义也曾经在美国风行一时。傅立叶本人从没有到过美国,他1837年10月10日死于巴黎,在他死后三年,他的最大的一个美国信徒阿伯特·布里斯班出版了他的几部书中的第一部和一些论文,这些作品把傅立叶的哲学思想介绍到美国。① 傅立叶创造性地将人的情欲分为12种,并创立了极为精妙的社会单位——法郎吉。和大多数空想社会主义者不同,傅立叶对现有制度的批判不是从社会财富分配的不公平或穷人的痛苦出发,而是从现代生产的无政府状态以及恶劣的劳动条件

---

① 〔美〕方纳:《美国工人运动史》第一卷,生活·读书·新知三联书店,1960,第269页。

出发。他的着眼点不是人的情感,而是他们的物质利益。他的战斗口号不是"正义"而是"秩序",人类的普遍繁荣和幸福不过是他的体系的普遍和谐的附产物,而不是主要目的。通过布里斯班和格里利的推动,傅立叶的社会主义观念很快在美国流传开来。傅立叶主义也成为在美国获得全国性运动崇高地位的第一个社会主义体系,在美国的影响甚至超过了欧文。傅立叶主义者先后在各地建立了 41 个实验公社,其中最著名的是北美法郎吉。北美法郎吉是最接近傅立叶的理想设计的,它是由奥尔巴尼和纽约一些有文化且热心的居民在新泽西州建立的。它存在了 12 年之久,是在傅立叶主义开始为人所知时创立的,并经历了运动的鼎盛和衰落,也见证了其他法郎吉的灭亡。

接受欧文建议的埃田·卡贝在美国的得克萨斯州进行了他的伊加利亚公社实验。得克萨斯州当时刚被接纳加入北美合众国,极想使人们居住到它那片空旷的土地上去。这个州以保证迁入移民为条件,把大量土地赠给私营公司。1848 年 1 月,卡贝和彼得斯公司在伦敦签订合同,彼得斯公司向卡贝出让 100 万英亩土地,条件是移民在 1848 年 7 月 1 日以前进驻。1848 年 2 月,由 69 人组成的第一批伊加利亚主义者"先锋队"从阿弗尔起航,3月 27 日当他们抵达新奥尔良时,便立刻感到失望。由于受美国土地经理人的狡猾所骗,他们所购的土地与雷德河隔着 250 多英里无路可通的荒野,并且这些土地十分分散,互不相连。显然,要在这样的土地上建立一个有中央管理和工农业合作体系的共产主义移民区是十分荒谬的。在得克萨斯生活了几个月后,这些开拓者受到了疾病的折磨,终于决定放弃这个地方而选择前往新奥尔良与包括卡贝在内的来自法国的几个新的伊加利亚移民支队合会。但是在新奥尔良,伊加利亚主义者发生了分歧,一部分人退出,另一部分人前往伊利诺伊州的诺伏继续他们的实验。结果诺伏公社维持了六七年的繁荣光景,在1856 年发生了分裂,连卡贝本人也被开除出公社,在流亡中死去。其余的伊加利亚公社如契耳坦哈姆公社、衣阿华公社也都由于公开辩论而走向了最终的分裂。①

---

① 参见〔美〕希尔奎特《美国社会主义史》,朱立人译,商务印书馆,1974,第 101~115 页。

从欧文、傅立叶和卡贝的实验情况来看,空想社会主义在美国的影响确实远远超过了欧洲,可以说美国是空想社会主义的第二故乡。威廉·福斯特曾概括地谈到空想社会主义在美国迅速传播的情况和原因。他写道:"这些乌托邦计划虽然主要是在欧洲创始的,却在美国获得了最广泛的发展。仅仅几年之内,至少有200个乌托邦计划在美国实施。美国的国土对这些计划特别有吸引力。因为在美国,有许多可以廉价得到的土地,人民在政治上所受的封建限制很少,对伟大的独立革命经验记忆犹新的群众便很容易赞成社会改革的尝试和实验。"[1]美国共产主义实验的历史包含了一个很长的时期,经历了艰辛的探索,虽然作为实际共产主义的实验最终失败了,但不可否认早期的空想社会主义理论和共产主义实验为此后科学社会主义的创立和发展提供了丰富的、准确的例证,也深刻地影响了美国现代社会主义运动的形成,其重要性一直持续到现在,甚至成为美国传统的一部分。

---

[1] 〔美〕威廉·福斯特:《美国共产党史》,梅豪士译,世界知识出版社,1957,第11页。

（二）早期科学社会主义在美国的传播

1848 年 2 月，马克思和恩格斯的名著《共产党宣言》在伦敦发表，该文献对科学社会主义做出了完整的解释，不仅是他们为共产主义者同盟起草的纲领性文件，更奠定了科学社会主义的基础，从此马克思主义科学社会主义诞生。科学社会主义的诞生完成了社会主义从空想到科学的历史性飞跃，是人类社会思想史上的伟大革命。习近平总书记曾明确指出："在人类思想史上，还没有一种理论像马克思主义那样对人类文明进步产生了如此广泛而巨大的影响。"①从世界范围来看，科学社会主义传到美国的时间是相当早的，大约在 19 世纪 40 年代末 50 年代初，比俄国和中国都要早得多。但这一时期运动的组织者和参与者主要是德国移民，尤其是德国移民中的工人阶级。马克思曾经回顾说，"在 1848 年革命失败后，大陆上工人阶级所有的党组织和党的机关报刊都被暴力的铁腕所摧毁，工人阶级最先进的子弟在绝望中逃亡到大

---

① 习近平：《在哲学社会科学工作座谈会上的讲话》，《人民日报》2016 年 5 月 19 日。

西洋彼岸的共和国去"。① 他们是阿道夫·克路斯、约瑟夫·魏德迈、弗·阿·左尔格、约翰·席克耳、亨利希·迈耶尔、古斯达夫·厄鲍姆、罗萨·雅可比、克莱茵等。②

最早抵达美国的是克路斯,他曾经要求斐迪南·沃尔弗将《共产党宣言》和《新莱茵报》寄到美国,以便进行宣传。马克思和恩格斯的密友魏德迈在德国革命失败后,于1851年也来到美国纽约,同克路斯等共产同盟成员在艰苦的条件下,努力传播科学社会主义,从此献身于美国的工人运动和社会主义事业。马克思和恩格斯长期以通信的方式与魏德迈保持联系,从而发挥了他们在美国社会主义形成时期的影响。在1851年8月7日写给魏德迈的信中恩格斯指出了魏德迈在美国可能遇到的种种困难。"你在那里将会碰到各种各样的人;但你将遇到的最大困难是,有用的和有点价值的德国人都很容易美国化,并放弃回国的一切打算。此外,还得考虑美国特有的情况——过剩人口很容易流入农业地区;国家正在不可

---

① 《马克思恩格斯选集》第2卷,人民出版社,1995,第603~604页。
② 张友伦:《当代美国社会运动和美国工人阶级》,天津人民出版社,1993,第236页。

避免地迅速而且日益迅速地繁荣起来,因此他们认为资产阶级制度是美好的理想等等。"①正如马克思所担心的那样,科学社会主义在美国的传播一开始就遇到了很大的困难。

魏德迈到达美国的时候,曾接到马克思写给他的两封信,希望他在美国出版《共产党宣言》以及马克思和恩格斯的其他著作的英文版和德文版。按照马克思的建议,魏德迈在克路斯的帮助下创办了《革命》周刊并担任主编。这是一份关于马克思主义的理论刊物,其主要任务是介绍阶级斗争,号召无产者为废除一切阶级差别而奋斗。《革命》周刊刊载了《共产党宣言》第二章《无产者和共产党人》、马克思的《从1845年至1847年的商业危机史》和魏德迈的《政治评论》等文章,这些重要的历史文献对当时弱小的美国社会主义运动产生了深远影响。但遗憾的是,《革命》只出了两期就停刊了,除了资金短缺外,更重要的原因是当时的很多德国移民支持德·金克

① 《马克思恩格斯全集》第48卷,人民出版社,2007,第337~338页。

尔的德国公债运动而不愿意订阅马克思主义刊物。① 在极其困难的情况下,魏德迈仍然试图在《体操报》《德意志总汇报》《纽约民主主义者报》《改革》等德文报纸上刊登马克思恩格斯的文章和自己撰写的文章,如《体操报》转载了恩格斯的《德国农民战争》并发表了魏德迈的《税率问题》《澳大利亚的棉花和美国的奴隶制》等文章。

在魏德迈等马克思主义者宣传科学社会主义的同时,他们也不可避免地同敌对的社会主义派别和阴谋集团展开了斗争,包括克里的“真正的”社会主义、魏特林的手工业空想社会主义、海因岑对科学社会主义的攻击、金克尔的所谓“革命”借债运动和维利希的阴谋集团。这些与敌对社会主义派别和小资产阶级民主派的斗争,在伦敦赢得了赞扬。此外,在无产阶级政党的建立方面,这些马克思主义者也做出了重要贡献。1852 年夏天,魏德迈和克路斯成立了由五人组成的共产主义者同盟美国支部,这是美国历史上的第一个马克思主义组织。1852 年下半年,由魏德迈和左尔格发起的无产者同盟在纽约成

---

① 陆镜生:《美国社会主义运动史》,天津人民出版社,1986,第 37 页。

立。同盟会的会员一方面进行理论宣传,另一方面积极参加工人阶级的斗争。此后,在无产者同盟的筹备下,1853年3月21日,美国工人同盟成立了,这是一个半政党、半工会性质的组织。1857年秋,为了应对经济危机,美国的失业工人发动了尖锐的斗争。马克思主义者在斗争中领导了工人运动,发挥了显著作用,并于1857年10月在纽约成立了共产主义俱乐部。它实际上由左尔格领导,是一个有显著的社会主义倾向的组织。19世纪60年代中期成立的最大的全国性工人组织——全国劳工同盟也表现出靠拢第一国际的倾向,曾经同伦敦总委员会建立了比较密切的联系。到70年代初,第一国际海牙代表大会以后,纽约成为第一国际总委员会的驻在地,这是美国工人阶级的光荣与荣耀。1972年上半年,第一国际美国各支部的总人数达到三四千人,同第一国际在其他国家的组织相比,要算是最多的。

总的来说,魏德迈等马克思主义者对美国早期的科学社会主义传播起到了重要作用。他们广泛宣传马克思和恩格斯的思想,坚决批判敌对的社会主义派别,勇于成为工人斗争的领导。但由于西部自由土地、宗派主义、敌对势力的存在,早期科学社会主义在美国的影响是十分有限的。

(三)美国工人党的成立及分裂

从 19 世纪 70 年代开始,美国就出现了一些社会主义政党或者倾向于社会主义的政党。其中有伊利诺伊工人党、北美社会民主工党、辛辛那提社会政治协会、费城德国人自由协会、辛辛那提斯拉夫工人协会、密尔沃基工人联合会等。一般来说,这些组织人数不多、思想混乱,存在的时间也都不长。① 1876 年 7 月,在费城举行的统一代表大会上,美国工人党成立,它是继 1857 年 5 月成立的德国社会民主党之后,世界上的第二个社会主义政党。美国工人党是由左尔格等马克思主义者领导的北美联合会与拉萨尔分子领导的北美社会民主工人党和伊利诺伊州工人党合并组成的。从 1876 年国际工人协会解散到 1900 年社会党建立的 25 年里,美国工人党是马克思主义在美国的旗手。它支持了 1877 年铁路工人大罢工,并在

---

① 张友伦:《美国工人运动和社会主义无关吗?》,《美国研究》1987 年第 4 期。

芝加哥和圣路易斯领导了罢工;创办了致力于社会主义运动和工人运动利益的德文日报《纽约人民新闻》,使社会主义思想得到进一步传播;参加了州和地方选举的多次竞选活动;党内马克思主义者在同拉萨尔派的大辩论中,进一步阐述了工人阶级的经济斗争与政治斗争相结合的原则。但从美国工人党成立之初,党内就一直在工会工作和政治行动上存在分歧。以麦克唐奈为首的马克思主义者认为应该加强工会工作,反对在条件不成熟的情况下开展政治行动,参加竞选。[①] 而以麦奎尔为代表的拉萨尔派则坚持要进行政治活动,参加竞选。在 1877 年大罢工失败后,分歧进一步扩大,最终拉萨尔派与同样寄希望于投票箱的绿背纸币党联合,并于 1877 年参与竞选活动。1877 年 12 月 26 日,在新泽西州召开的代表大会被主张政治行动的代表完全控制,他们修改了美国工人党的纲领,废除了阻碍立即进行政治行动的内容,并把党的名称改为社会主义工人党,左尔格、麦克唐奈、魏德迈

---

① 陆镜生:《美国社会主义运动史》,天津人民出版社,1986,第 141 页。

退党,美国工人党的历史宣告结束。虽然美国工人党的存在时间并不长,但作为美国第一个统一的全国规模的政党,美国工人党对美国的社会主义运动和工人运动仍然做出了一定贡献。此后,在社会主义工人党存在的时期,美国工业化急剧发展,垄断资本主义和帝国主义逐步成长,阶级斗争日趋尖锐,因而爆发了美国历史上的多次大罢工以及多次大规模的农民运动,同时,社会主义运动在美国已逐渐巩固起来而成为一支有组织的力量。19世纪80年代,在政治运动高涨的过程中,纽约、芝加哥、印第安纳波利斯、旧金山、圣路易等地又陆续建立了一批独立劳工党和统一劳工党。不过,这些党主要是为了参加竞选而组织起来的,不是一种稳定的、巩固的、具有严密组织纪律的政党。只有1901年在社会主义工人党和社会民主党的基础上建立起来的美国社会党才拥有较大影响。①

(四)美国社会党与密尔沃基模式

美国社会党是在资本主义扩张和错误的工会领导的

① 张友伦:《美国工人运动和社会主义无关吗?》,《美国研究》1987年第4期。

总形势下,于1901年由社会民主党和希尔奎特为首的社会主义工人党罗彻斯特部合并而成。在社会主义工人党当中,党员多数是外国移民,土生的美国人很少,而参加社会民主党的多为土生的美国人,从这一点来看,社会党的成立为美国社会主义运动翻开了新的一页。社会党总的来说是一个改良主义的政党,但它迅速发展并一度成为美国重要的政治力量。它积极参加了20世纪初的罢工和工会组织活动,同劳联的龚帕斯等保守工人领袖进行斗争,争取采取独立的政治活动,推动产业工会运动;第一次世界大战期间,在反对帝国主义战争和美国参战方面做出了一定贡献;先后成立了各大学社会主义者协会、社会主义青年联盟、全国妇女委员会。1912年,社会党的发展进入全盛时期,党员达到11.8万人,以德布斯为首的社会党比英国工党赢得了更多的选票,同时在国会中比法国社会党拥有更多的席位。①

　　社会党从一开始就在一些重大问题上存在严重分

---

① Eric Foner,"Why is There No Socialism in the United States?",*History Workshop Journal* ,No. 17 ,1984 ,p. 60.

歧,从而形成了右、中、左三派,每个派别都有一个知名领袖。右派代表维克杰·伯格在德国移民比较集中的威斯康星州密尔沃基市根据当地当时的情况建立了稳固的社会民主党组织,并制定了比较务实的纲领和政策,例如提供免费医疗服务,提高就业率,管理下水道系统,举办交响音乐会,等等,以满足密尔沃基市工人、中产阶级和农民日常生活方方面面的利益需求。1910 年,社会党成员塞德尔成功当选密尔沃基市市长,获胜后的塞德尔说道:"社会主义者终于有机会来展示他们的优点了。"从此,直到 20 世纪 60 年代,密尔沃基市长期被社会主义者所管理,密尔沃基市社会民主党取得显著进展,逐渐形成了密尔沃基模式,甚至开始向其他州市推广,包括加利福尼亚州和俄克拉荷马州以及希尔奎特领导下的纽约州。

在第一次世界大战期间,美国政府对社会党的镇压在一定程度上削弱了社会党的力量,来自党内右派的分裂活动更进一步导致了社会党的衰落。俄国十月革命后,美国工人运动快速发展,鼓舞了社会党内的左派,他们变得激进起来,主张把社会党改造成革命的政党。党内右派担心左派不断增强的力量,为了维持改良主义路线,于1919年5月24日在芝加哥召开的全国执行委员会会议上采取卑劣的手段对左派进行了清洗,解散了密歇根、俄亥俄、马萨诸塞等州的党组织和俄罗斯语、波兰语、匈牙利语等7个左派的语言联合会。随着社会党的分裂,社会党党员人数由1919年的104822人减少到1920年的26766人,社会党自此走向衰落。① 而左派在关于是立即成立共产党还是夺取社会党的领导权问题上产生了分歧,结果左派中的少数派于1919年成立了美国共产党,1920年与左派中多数派成立的共产主义劳工党合并成为统一共产党。从1928年开始,诺曼·托马斯以社会党候选人的身份参加美国总统竞选,先后六次都以失败告终。1925年,美国社会党退出进步政治行动商讨委员会,大卫·香农评价说,美国社会党衰落到几近于消失。② 此后,美国共产党登上历史舞台,逐渐成为重要的左翼政治力量。

---

① 〔美〕威廉·福斯特:《美国共产党史》,梅豪士译,世界知识出版社,1957,第399~400页。

② Shannon, D. A., *The Socialist Party of America*, Quadrangle Books, 1955, p. 168.

(五)美国共产党与罗斯福新政

美国共产党是美国左翼中力量最强大、组织最完善、历史最悠久的马列组织,它大体上吸收了马克思列宁主义的一般原则,对国际共产主义运动做出过重要贡献。1921年,美共完成了统一,团结了共产党的力量,同工人阶级,特别是同工会运动者、黑人、妇女、青年开始建立政治上的联系,领导了争取工人经济利益、争取组织工人加入工会、争取黑人权利、争取实现青年和妇女要求的英勇斗争;发动了保卫苏联的斗争、"不干涉中国"运动,同拉美共产党人一起进行了反对美国帝国主义的斗争,表现出了国际主义精神;反对了以洛夫斯顿为代表的"美国社会主义例外论"和以白劳德为代表的右倾机会主义。①

1929~1931年的资本主义世界经济危机给美国社会带来了巨大创伤,美国国民经济各方面急剧衰落,股票市场价值总共消失1600亿美元以上,5761家银行倒闭,农产品价值从85亿美元降到40亿美元,基本工业生产下

---

① 〔美〕威廉·福斯特:《美国共产党史》,梅豪士译,世界知识出版社,1957,第277页。

降 50%，到 1933 年，约有 1700 万工人失业、流浪街头。1930 年 3 月 6 日，美共勇敢地站出来领导失业者进行全国性的失业示威，最终使得资产阶级开始关注保险和失业救济问题。① 紧接着，在 1932 年的总统大选中，民主党候选人富兰克林·罗斯福以绝对优势获胜。1933 年罗斯福就任总统时，美国经济仍然一蹶不振，面临崩溃。在紧要关头，罗斯福提出了他的"新政"，大刀阔斧地进行改革，增加政府对经济直接或间接干预，有效缓解了大萧条带来的经济危机与社会矛盾。"新政"导致了美国国家权力在税收、开销和经济调节领域的极大扩张，其中最为重要的是在 1935 年制定并颁布了美国历史上第一部由政府主导的社会保障法——《社会保险法》。在罗斯福"新政"之初，美国联邦政府的福利支出几乎是空白，此法案正是希望通过建立联邦老年救济金制度来增进公共福利，为老人、盲人、受抚养的和残废儿童提供更可靠的生活保障，为妇幼保健、公共卫生和《失业补助法》的实行做

---

① 〔美〕威廉·福斯特:《美国共产党史》，梅豪士译，世界知识出版社，1957，第 294 页。

出妥善的安排。该法案的实施不仅使美国成为部分福利国家，还起到了改善劳动人民生活状况、缓和阶级矛盾的作用。由于社会保障的资金来源是以富人为主要对象的税收，因此《社会保险法》带有明显的"劫富济贫"色彩，罗斯福新政也就具有了某些"国家社会主义"的特征。

但是，实际上"新政"并不是一个走向社会主义的纲领，其目的不过是想在经济危机中恢复和加强资本主义的统治，"新政"大部分的思想来自英国经济学家凯恩斯的"国家干预主义"。作为资本主义制度的既得利益者和拥护者，罗斯福更喜欢调节，而不是完全由国家控制，他拒绝了对美国支离破碎的金融系统进行国有化的呼吁。罗斯福在当时采取一系列社会改革不过是为了避免美国发生社会变革，因此罗斯福不是社会主义者，而是自由主义者。

二战后，美共遭到了美国统治阶级的野蛮镇压与苏共以共产国际名义进行的大党主义干涉。在麦卡锡主义盛行时，美共一度转入地下，到 20 世纪 50 年代末党员人数已降至 7000 余人①，直到 1965 年才重新恢复合法地

---

① 许宝友：《当代美国左翼评述》，《当代世界与社会主义》1998 年第 2 期。

位。但这一时期美共仍然对美国走社会主义路线进行了新的探索,提出了"到达社会主义的新路线",即用民主、和平的方法建立社会主义的路线。时任美共领导人的威廉·福斯特指出:"在美国用比较和平的办法建立社会主义制度是可能的,共产党正是在这个基础上决定自己的方针。"①20世纪70年代美共先后举行了三次党的代表大会,讨论并分析了党在不同时期所面临的任务,提出了党的方针政策并加强了党建工作。但是苏东剧变又给美共造成了极大的影响和压力,美共被卷入反共、反苏的双层夹击中,党组织开始分裂,党的力量一再被削弱。尽管如此,面对极其尖锐复杂的国内和国际环境,以格斯·霍尔为首的美共中央凭着对共产主义的执着信念坚持不改党名,不变党性,从组织和思想上保全了党。2014年6月,美共召开了第三十次全国代表大会,修订并通过了新党章,如今的美共已经进入了独立探索本国社会主义发展的新阶段。

---

① 〔美〕威廉·福斯特:《美国历史中的黑人》,生活·读书·新知三联书店,1960,第605页。

三　苏东剧变后美国共产党对美国特色社会主义的探索

美国共产党在近百年的发展过程中,作为世界上最大的发达资本主义国家的共产党组织,是一个具有光荣斗争传统的老党,在其长期的社会主义实践中,历经了起起伏伏的变化,积累了对社会主义理论的丰富认识。苏东剧变对世界社会主义运动,特别是对发达资本主义国家共产党的打击极其沉重。苏东剧变后,美共对自身的发展进行了重新定位,根据本国国情对其方针政策进行了适度调整。苏东剧变将美共推入艰难的生存与发展境地,同时也迫使这个有着光荣斗争传统的老党依据现实情况不断发展变化,继续开展对社会主义理论的探索,以适应新形势给美共带来的挑战。苏东剧变后,美共对社会主义的探索不仅适应了本国的国情和时代特点,同时对世界社会主义运动的发展也起到了一定的促进作用。

(一)苏东剧变后美国共产党的状况

1991 年 12 月 21 日,俄罗斯等 11 个国家的领导人向世界正式宣布建立独立国家联合体,这使得苏联由统一的国家变为松散的联盟体制。12 月 25 日,戈尔巴乔夫辞去苏联最高领导人一职,标志着苏联的正式解体,也由此结束了二战以后美苏两个超级大国争霸的两极格局。在苏东剧变后两年多的时间里,社会主义国家的数量由 15 个减少到 5 个,土地面积减少了 70%,人口减少了 32%;各国的共产党组织由原来的 180 个减少到 130 个。这一事件对世界社会主义运动打击的深度和广度都是空前的,导致世界社会主义运动陷入谷底,进入了长达 20 多年的低潮期。苏东剧变后,面对国内外强大的资产阶级力量,如何制定和调整方针策略来壮大自己,是当时世界发达资本主义国家共产党所面临的共同难题。

美国共产党于 1919 年成立后,就作为共产国际的一个支部,听命于共产国际,实际上是听命于苏联共产党中央。长期以来,美国共产党与苏联共产党一直保持密切联系。苏共二十大以后,美共领导全盘接受了苏共的观点,支持苏联的对外政策,认为苏联是全世界革命运动的"活样板""世界革命的带头人",是世界和平的主要堡垒。美共在政党建设上照搬苏共模式,包括指定接班制、领导人职务终身制、党内权力过度集中而导致多次党内斗争甚至分裂,等等。苏东剧变对美共的发展产生了一系列负面影响,使美共陷入外部与内部双重冲击中。美国国内反共势力利用这一机会加强了意识形态的攻击,在各大平台上铺天盖地地宣传社会主义试验失败的消息,一时间,反苏、反共的论调甚嚣尘上。美国前总统国家安全事务助理兹·布热津斯基在他的《大失败——二十世纪共产主义的兴亡》一书中对共产主义发起了猛烈抨击,表达了西方资本主义社会灭亡社会主义制度的不死之心。书中写道:"这是一本论述共产主义最后危机的书","到下个世纪,共产主义将不可逆转地在历史上衰亡,它的实践与信条将不再与人类的状况有什么关系"。① 意识形态上的波动最终导致了美共内部的派系斗争,党内出现了思想混乱、组织分裂的情况,一些分裂主义者打着"民主""新思维""改革和革新"的旗号,实则通过一系列诸如分裂、恐吓、威胁的暴力行径来操纵选举过程和结果,从而

① 〔美〕兹·布热津斯基:《大失败——二十世纪共产主义的兴亡》,军事科学院外国军事研究部译,军事科学出版社,1989,第 12 ~ 19 页。

实现分裂党组织的意图,一些意志不坚定的党员开始对共产主义信念产生怀疑,并纷纷退党,致使美共的党员人数急剧下降。

苏东剧变将美共推入艰难的生存与发展境地,同时也迫使这个有着光荣斗争传统的老党依据现实情况不断发展变化。面对困境,美共在1989年7月举行了一次重要的思想工作会议。党的主席格斯·霍尔在大会强调了意识形态的重要地位,并分析了在意识形态领域内采用党性斗争方法的必要性。1991年1月,美共又召开了第二十五次全国代表大会,号召全党为党的团结战斗。霍尔在大会上做了《在斗争中铸造团结》的主题报告。在苏东剧变后的极端困难时期,美共要求全党保持共产主义者的党性,坚决捍卫社会主义与共产主义,维护了党的统一。世纪之交的2000年4月,萨姆·韦伯当选为美共的新领袖,在他的领导下,美共展开了对社会主义理论多维度、深层次的探索,以适应新形势给美共带来的挑战。2011年,韦伯撰写了《21世纪的社会主义政党:形态、理论与立场——以美国共产党为例》,文章以美共为例,用29条内容深刻阐释了21世纪社会主义政党的形态、理论与立场,并提出新的实践斗争战略策略。2014 年,约翰·巴切特尔接替萨姆·韦伯成为美共新一届的主席,当选后他多次在美共官网及官方刊物《政治事务》等媒体上撰文阐释保障劳工权益、改善生产环境和关注生态环境等促进社会可持续发展的主张,并积极组织和开展了多项争取社会公平正义的行动,开启了美共独立自主探索美国特色社会主义道路的新篇章。

(二)美国共产党对党纲的修改

科学的党纲能够统一全党的思想和行动,是提高党员认识、鼓舞党员斗志、争取广大党员和群众的支持、建立社会基础的重要条件。2005 年 7 月 1~3 日,美国共产党在伊利诺伊州芝加哥召开了第二十八次全国代表大会,大会期间,代表们着重讨论并通过了题为《美国的社会主义道路:团结起来争取和平、民主、就业与平等》的新党纲草案,进一步深化了美共始于苏东剧变后的理论与战略调整。新党纲鲜明地体现了美共的工作原则和奋斗目标,是美国通往社会主义道路的行动指南。

本次党纲的修改距离上一次修改已经 25 年,25 年里美国国内外都发生了很大的变化,美共认为美国的劳动人民今天面临着巨大的问题：剥削、压迫、种族主义、性别歧视、环境和基础设施的恶化、巨大的预算赤字，以及一个由大资本及其政治组织中最邪恶的因素所控制的政府。美国人民需要真正解决实际问题的方法，而不是空洞的承诺，美国人民需要和平、正义与平等，需要社会主义，这些都需要党修订自己的战略思维。第一，新党纲对资本主义的剥削和压迫进行了剖析，认为利润驱动是资本主义固有的，美国人民长期面临着由资本主义引发的一系列问题，例如人权的缺失、战争的威胁、失业和贫穷的困扰、种族主义的危害、性别歧视、健康和教育成本飙升、医疗福利削减等。而在垄断资本和经济全球化的时代，资本主义的压迫和剥削又有了新的特点，美国的垄断公司和政府（以及其他帝国主义国家）相互勾结，变成了国家垄断资本主义，国家成为垄断企业积累资本的直接工具。美共指出，所有这些，都是确定战略战术应该充分考虑的客观条件。第二，新党纲提出要正确认识和处理民主斗争和阶级斗争的关系。近几年来，美国的历史和世界斗争的经验已经证实了马克思主义的论断：工人阶级反对资产阶级的斗争是变革的主要驱动力。阶级斗争常常始于争取工资、工时、福利、工作条件、工作保障的经济斗争,但它也包括其他各种形式的政治斗争——合同谈判、罢工、示威、选举。阶级斗争和民主斗争紧密相连,一切具体的阶级斗争都是民主斗争的一部分,二者都必须高举民主旗帜,为维护和扩大人民的民主权利而斗争。每一次民主斗争,都会削弱资产阶级的力量,使工人阶级发展壮大。第三,针对美国政治领域内不断上升的右翼势力,美共提出了团结一切可以团结的力量、建立全民联合阵线、共同反对极右势力的基本策略。此外,美共还以此为基础提出了具体对策,包括建立一个能够争夺政府权力、不受任何垄断利益支配的群众性政党;从选举制度中删除垄断资本的财政捐款,由公共资金和诚实选举的保证金取代,每一次投票都算数,所有选票都被计算在内;充分发挥劳工运动的领导作用;等等。

此次大会是美共历史上的一个转折点,在苏东剧变后的新形势下,美共适时修订党纲,把党的方针路线建立在美国的社会现实和时代特征之上,表明美共通过理论上的与时俱进,不断走向成熟。

（三）"权利法案社会主义"

苏东剧变后,以党的主席格斯·霍尔为首的美共经过积极的反思,在马克思主义理论的指导下,对资本主义、社会主义、美国国情有了更清晰的认识,提出社会主义不存在唯一固定的模式,必须根据本国的文化、历史、传统,建设具有本国特色的社会主义,即《权利法案》社会主义。《权利法案》是美国宪法的第一修正案,它列举了宪法正文中没有明确表明的自由和权利,包括宗教自由、言论自由、新闻自由、集会自由的权利,是个人权利与民主的象征。美共认为宪制、自由、民主的精神已经深入美国民众的内心。正如没有《权利法案》,美国人民就不会接受美国宪法一样,美共如果背离了《权利法案》中体现的精神,美国人民也不会拥护社会主义。因此,美共把自己的社会主义主张用《权利法案》加以限定。

霍尔首次提出走"权利法案社会主义"道路的思想是在 1996 年 3 月美共第二十六次全国代表大会上。其后他于 1999 年在美国《政治事务》月刊上发表了一篇题为《美国共产党的社会主义权利法案》的文章,从社会主义的社会目标、社会主义的基础、社会主义的优势、实现社会主义的道路等几个方面阐述了对社会主义的理解及对美国社会主义的展望,给美国人民勾画出了一幅"权利法案社会主义"的蓝图。① 2001年7月,以萨姆·韦伯主席为首的美共党中央在第二十七次全国代表大会上对"权利法案社会主义"又做了进一步解释。然而,由于这一理论主要是基于对苏东剧变历史教训的反思,在理论上还不够成熟,因而使部分党员难以理解和接受。他们认为"权利法案社会主义"的新提法不仅毫无必要,而且听起来特别别扭,因此极力要求党中央放弃这一提法。针对这些认识,美共党中央决定把坚持和深化"权利法案社会主义"作为二十八大的根本任务。为此,新党纲对这一指导思想做了新的阐述,在三个方面有了发展创新。首先,对"权利法案社会主义"的含义做了全面深刻的表述,"权利法案社会主义"旨在把人民和自然置于利润之上,它的目标是对内致力于维护和扩大《权利法案》所规定的各项民主权利,对外实行和平的外交政策。其次,设想了"权利法

---

① 王宏伟:《美国共产党的〈权利法案〉社会主义》,《理论视野》2001年第3期。

案社会主义"的发展进程。美共认为,社会主义在美国的实现不可能一蹴而就,从建立最广泛的全民阵线,打击和推翻极右势力的统治到建立广泛的反垄断联盟,打击整个跨国垄断资产阶级再到最终建立真正的民主和平等,"权利法案社会主义"将经历三个不同的发展阶段。最后,为坚持走"权利法案社会主义"道路提供新的理论基础。

2016年5月1日,美共秘书长罗伯塔·伍德在美共网站上发表了名为《权利法案社会主义》的文章,她认为社会主义是通往一个更加公平、繁荣、民主的美国的道路,在社会主义经济中,生产资料所有权属于劳动人民。她重申了"权利法案社会主义"把人民和自然置于利润之上的观点,强调社会主义等同于生命、自由以及对幸福的追求。她号召美国人民建立一个以人为本的政治体制、经济体制,一起实现美国成为社会主义国家的愿景。[1]

（四）建设一个现代、成熟、富有战斗力的群众性政党

2014年6月13～15日,美国共产党第三十次全国代

---

[1] "Bill of Rights Socialism", http://www. cpusa. org/party_info/social-ism – in – the – usa/.

表大会在美国芝加哥的伊利诺伊大学召开,美共的党团员代表、国内外嘉宾及其盟友共 374 人参加了本次大会。本次大会的主题是"将人民和自然放在利润前面",美共前主席萨姆·韦伯发表了《建设一个现代、成熟、有战斗力的群众性政党》的主旨报告,在此基础上美共提出了要加强党的建设,将党建设成为一个现代化(modern)、成熟(mature)、有战斗力(militant)、群众性(mass)的政党,即"4M"政党。

实际上,美共早在 1996 年的二十六大上就已提出要建设一个群众性政党。当时正值苏东剧变后世界社会主义运动剧烈动荡之时,美共抓住国内劳工运动高涨的契机,提出建设群众性政党,但收效甚微,并未实质性扩大党的影响、增强党的力量。2010 年在二十九大上,美共在会前讨论《共产党发展的新机遇》中提出:"我们党要面对的一大挑战是建设一个 21 世纪的革命性工人阶级政党。这个政党要以科学社会主义为基础,立足于多种族的工人阶级,并且是能够反映美国民主革命传统的核心力量。党要利用现代化传播手段与组织方式……我们正处于一个激动人心的过渡期,将工作转移到网上,在网上建立党和共青团。大众传播、互联网和社交网络的革命正在改变一切组织、政治运动和选举活动及其分享观点、动员群众和筹集资金的能力。"此后,美共便加强了网络建党,要求每位成员和俱乐部掌握大众传播的新形式,实现其党刊党报网络化,开通了在网络平台上提交入党申请、缴纳党费的渠道。① 在 2014 年三十大上,美共在"群众性""现代化"的党建思想上又加上了"成熟""有战斗力"的字眼。"成熟性政党"表明了美共已对自己的历史及功过有了科学总结和客观认识。在此基础上,美共提出要实现党的运作方式更加民主、透明和协调,坚持民主集中制的原则,使尽可能多的党员参与党的所有决议,在党内禁止宗派斗争。"有战斗力的政党"表明美共希望自己面对复杂多变的国际国内环境,一直保持坚定的共产主义信念和热情。针对环境保护、种族主义、暴力冲突等问题,美共都表达了自己的立场。

打铁还需自身硬,政党对自身建设的不断完善是每

---

① "Convention Discussion: Organizational Status of the Communist Party", http://www. cpusa. org/party_voices/convention – discussion – organizational – status – of – the – communist – party/.

一个政党得以生存发展的动力,也是政党实现既定目标的保障。冷战后,美共为了应对国内外环境的变化,对本党的建设做出了一系列的调整,在一定程度上扩大了党的组织规模和影响力。

(五)大选中美国共产党的策略

苏东剧变后,美国共产党的理论与实践和美国大选关系密切。虽然美共的最终目标是要推翻资本主义制度,建立社会主义美国,但在美国社会主义运动处于低潮之时,美共认为美国国内尚不具备发动社会主义革命的形势,社会主义运动应偏重民主斗争。在两党制的政治框架中,美共的政治影响力颇为有限,它在选举中几乎没有独立竞选的空间。因此近些年来,美共将在选举中帮助民主党击败共和党作为全党开展斗争工作的重点,以期望在此过程中打破右翼对国家的控制,以民主斗争推动阶级斗争,为实现工人阶级的政治独立准备条件。

2016年美国总统大选在经历了持续一年时间的激烈争夺之后,伴随共和党候选人唐纳德·特朗普的胜选,终于落下帷幕。这届美国总统大选是几十年来最为跌宕起伏的选举,特朗普的当选将会深刻影响美国未来的政治走向和政策格局。

　　美共很早就预料到本次大选将异常激烈,瞬息万变,做好了随时对事态发展和趋势做出清醒估计的准备,包括准确评估阶级和社会力量的平衡、选民的整体运动以及民主党与共和党的动态。美共客观分析了 2016 年总统大选的特殊性,认为本次大选和前几次大选主要有两点不同,一是民众抵制共和党建制派候选人的热情空前高涨,在共和党的支持中至少有 50% 的支持来自非建制派候选人,如唐纳德·特朗普、泰德·科鲁兹和本·卡森。《纽约时报》的调查显示,共和党选民的心态相比以前变得越来越焦虑和沮丧,有着更强烈的反政府情绪。二是极端的财富集中现象和政治寡头重新崛起,这一趋势在 2008 年前并不明显,但现在正在不断加速,这一点推动了桑德斯的竞选活动,也是整个辩论结果的决定性因素。2016 年 5 月 1 日,美共主席约翰·巴切特尔在《2016 年左翼政策:建立真正的政治独立》一文中对 2016选举中的形势进行了最新的观察,为广大民主左翼提供了关于战略思想的重要见解。他认为 2016 年大选提供了一个对共和党内部和与之结盟的极右势力进行坚决打击的机会。美共要阻止右翼进入白宫,削弱他们在国会、州议会职位上的权势,阻止最高法院和司法机构对右翼的任命。因为反极端右翼联盟目前把民主党看作唯一可行的选择,击败共和党候选人的唯一现实途径就是选举他们的对手民主党。如果不能击败共和党,左翼就不可能在经济和政治舞台上取得实质性胜利,更不用说激进的民主改革或社会主义。①

与此同时,美共还呼吁建立以左翼为中心的联盟,努力促成各派力量的团结。美共坚信一个国家的发展方向在很大程度上取决于团结的斗争,过去 25 年,在一系列经济、政治、社会和环境问题上,广泛的民主联盟不断扩大。今天,有很多人支持进步的想法,如向富人征税、控制温室气体、提高最低工资、移民改革、婚姻平等,这也是桑德斯竞选背后的驱动力。调查显示,大约三分之一的选民是铁杆的右翼,但对于其他三分之二的选民,如果方法正确,他们是可以被说服的,例如帮助他们了解特朗普

---

① "Left Strategy in 2016: Building Real Political Independence", http://www. cpusa. org/article/left – strategy – in – 2016 – part – 1 – grasping – the – key – link – of – struggle/.

的商业惯例、其作为商人的失败以及特朗普政策的现实意义。在 2016 年总统大选民主党与共和党的初选阶段，巴切特尔就指出："无论民主党初选的结果如何，我们都将以总统大选获胜为目标，致力于建立一个包含中间偏左政党、各阶级、各种族、男性女性、各年龄段的大选联盟。"①

虽然在此次重要的政治较量中，由于各种因素的影响，美共并未实现自身的斗争目标，但是美共对于 2016 年总统大选斗争所面临的问题和特殊性的把握是基本准确的。美共通过参与大选，与广大选民打成一片，深入了解了美国民众的政治思维，宣传了党的思想主张，在美国的政治舞台上发挥了自己的力量，为在资本主义的大本营美国和平实现社会主义进行了艰辛探索。

---

① "Taking a Sober Look at the 2016 Election", http://www.cpusa.org/article/taking – a – sober – look – at – the – 2016 – election/.

四 2016 年美国大选中的社会主义因素

"感受燃烧"(Feel the Bern)是 2016 年美国总统大选民主党候选人伯尼·桑德斯的竞选口号,在英文中伯尼(Bern)与单词"燃烧"(Burn)同音。桑德斯的超强人气的确让美国燃烧了起来,从 2015 年刚刚宣布参加总统选举时的默默无闻,到 2016 年在新罕布什尔州初选时的大获全胜,这位自称"民主社会主义者"的古稀老人对希拉里·克林顿构成了强劲威胁。在一个深受"社会主义例外论"思想影响的国家,桑德斯的"民主社会主义"理念受到普遍关注,在年轻人中展现出了极强的号召力。美国为什么突然有了如此众多的社会主义者? 桑德斯是真的社会主义者吗? 它是否能为美国找到新的发展方向? 这些问题都值得我们认真思考。

(一)美国大选中的"社会主义者"

在已经过去的 2016 年美国大选的初选中,多年来自我标榜为"民主社会主义者"的民主党候选人初选代表伯尼·桑德斯异军突起,颇为耀眼。这位 75 岁高龄、头发花白的老爷爷惊人地受到美国中下层白人和年轻人的欢迎,在好几个州的初选中都击败了党内竞争对手、政治豪门——希拉里·克林顿。

　　桑德斯出生在纽约布鲁克林区的一个犹太人家庭,母亲很早就去世,家里经济十分拮据。桑德斯从小生活的环境使他感受到了社会的不公,意识到金钱的重要性,这对他后来十分关注贫困、公平等问题产生了决定性的影响。青年时代,桑德斯就读于芝加哥大学政治学专业,他加入了"青年社会主义者联盟",热衷于参加并组织反战运动和民权运动。1963年,当马丁·路德·金发表著名演讲《我有一个梦想》的时候,桑德斯就在群众之中。这个芝加哥大学学生,当年就已积极领导公民运动,争取公民权益,同年他因参与示威活动被捕。1971年,30岁的桑德斯正式涉足政坛,不过一开始并不顺利,他先后参选参议员和州长,都以失败告终。直到1981年桑德斯终于以微弱优势当选美国佛蒙特州柏灵顿市市长,这一年他已经40岁了,上任后他深受爱戴,三届连任。

　　自此以后,桑德斯迎来了仕途的顺利发展,1999年担任联邦众议员,2006年当选参议员。桑德斯长期以独立人士的身份参与政治活动,并不属于任何政党,直到在总统初选前加入了民主党,才被看作民主党的一员,2015 年 4 月 30 日,他正式以民主党人的身份参加 2016 年美国总统大选。由于桑德斯来自东北部偏僻的小州,又一直游离于两大党之外,最初他的竞选并不被大家看好,甚至遭到民主党高层的有意排挤。2015 年 8 月,希拉里在民主党选民中的支持率高达61%,而桑德斯仅为26%。桑德斯刚开始在新罕布什尔州参加竞选的时候,甚至没有竞选组织,没有钱,经常被人看到像普通人一样自己拿着行李出现在机场,乘坐经济舱。但是随着初选的展开,桑德斯在党内的支持率逐渐上升,到2016 年 2 月中旬已经高达57%。在初选结果方面,最终桑德斯在全美 50 个州中赢下 23 个州,共计1300 万张选票。特别是在 2 月 9 日新罕布什尔州的初选中,桑德斯更是以22%的领先优势战胜希拉里。[①]

虽然桑德斯最终在 2016 年 7 月民主党全国代表大会前宣布不再继续竞选,但与他竞选之初的情况和大多数人

---

① 周琪、付随鑫:《深度解析美国大选中的"特朗普现象"与"桑德斯现象"》,《国际经济评论》2016 年第 3 期。

对他的预期相比,这样的结果已经是一个超乎寻常的胜利了。2016 年 4 月,在美国《时代》周刊 2016 年"全球最具影响力人物"榜读者选票排行榜中,桑德斯位居第一。

(二)桑德斯的"政治革命"

桑德斯在竞选中大打社会主义牌,大谈特谈源于罗斯福"新政"的"美国社会主义"传统,高调宣扬其"民主社会主义"的主张,宣称要发动一场"政治革命"。他抨击"1% 的富人拥有 99% 的美国财富",批判美国的寡头统治和政治献金体制,并提出了自己的各种主张。美共主席约翰·巴切特尔认为桑德斯的竞选运动无疑是 2016 年美国大选中最具有活力的,他评价道:"这已经不仅仅是一场总统竞选,这也是一场大大拓宽了政治想象力的运动,使成千上万的人(尤其是年轻人)进入政界,并且促进了'民主社会主义'思想的全国性讨论。桑德斯无论是赢还是输,美国政治都将因此而变得不一样,因为激进的新思想被广泛讨论,新的力量使选举场充满活力。"①

---

① "Left Strategy in 2016:Building Real Political Independence",http://www. cpusa. org/article/left – strategy – in – 2016 – part – 1 – grasping – the – key – link – of – struggle/.

桑德斯的竞选至少在三个方面推动了 2016 年的美国大选。其一,吸引了美国人民对左翼的关注,客观上推动了全国各地为推进改革而采取的各种举措;其二,激发了人们参与政治进程的热情,成千上万的选民因为受到桑德斯政治理念的感召而主动投出了自己的选票;其三,作为一位民主社会主义者,桑德斯的政治主张引起了美国大众对"什么是社会主义""美国是否会有社会主义"等问题的长期讨论。所有这些都对击败极右势力的战略选举目标做出了巨大贡献。在 2016 年新罕布什尔州初选获胜后,桑德斯在胜利演讲中重申了自己的激进理念,包括反对大规模的削减社会保险、退伍军人抚恤待遇、医疗保险、医疗补助和教育经费,提高最低工资,实行男女同工同酬,公立院校免费,实现全民医保,改变监狱制度,向华尔街投机活动征税,改革能源体制,等等。通过这次演讲,桑德斯猛烈抨击了美国社会中的不公平现象,主张建立一个"服务于全体人民"的体制,他的政治理念已经深入美国大批年轻选民心中。从桑德斯的竞选基金捐赠者名单中就能看出端倪:十大捐赠者中有九个工会;其竞选基金总筹得款项中,有超过 80% 属于 200 元以下的小额捐款,这说明桑德斯有很强的民意基础。反观他的对手希拉里,十大捐赠者中有六家银行,说明了两人代表的利益集团天差地别。另外,希拉里的竞选主张也在桑德斯的压力下发生了明显改变,尤其是在经历了新罕布什尔州和密歇根州的两次失败之后,希拉里在公立大学学费、全民医保和贸易保护等议题上部分采纳了桑德斯的观点。从美国佛蒙特州的联邦参议员到如今家喻户晓的政治明星,桑德斯在美国大选初选中所受到的追捧,表明在美国资本主义面临严重危机的情况下,他的政见在一定程度上迎合了美国普通民众的需要,社会主义观念在今天比在美国历史上的任何一个时期都更加能引起民众的兴趣和支持。

(三)美国人民渴望改变

桑德斯年龄偏大,政治资源和知名度均不如竞争对手,缺乏民主党精英的认可,却一步步在初选中获得大量支持者,他独特的竞选纲领受到了当下大量美国人的关注,尤其赢得了对美国不平等和金钱政治深恶痛绝的美国年轻一代的心。初选民调显示,84% 的艾奥瓦州 17 ~ 29 岁的民主党选民、82% 的威斯康星州 18 ~ 29 岁的民主党选民、81%的密歇根州年轻民主党选民选择支持桑德斯。在第十九次共产党和工人党会议上,美共表示,即使是在冷战和反共的伤口仍在流血的美国,年轻人仍自豪地支持像伯尼·桑德斯这样宣传社会主义理想的政治家。

2008 年金融危机爆发后,美国社会贫富差距日益扩大,人们的危机感、焦虑感倍增,就业机会变得越来越少,普通民众经济社会地位不断下降,贫富差距和经济不平等已经成为民众最为关心的问题。美国人民渴望改变,他们中的绝大多数都在寻求一个更好的生活。美国是人类历史上最富有的国家,美国人民不应该如此的挣扎度日,不应该有这么多的贫困、不安全感和绝望。美国工人的生产效率是世界上最高的,每一年他们都创造了比世界上其他国家更多的财富。问题是,在现行资本主义制度和法律规则下,大部分的财富都是由一小撮亿万富翁垄断,最富有的 1% 的家庭拥有 30 万亿美元的资产。绝大多数美国人希望改变这些规则和法律,他们倾向于对这种过度的财富征税,并用它来满足人民的需要——重建支离破碎的基础设施,发展可再生能源产业,为所有人提供高质量的免费医疗和教育。2008 年金融危机后,各类抗议游行和集体活动在美国风起云涌，人们比往常更渴望一个公平的社会，包括争取更高的工资、结束种族主义攻击和警察的暴行、为了保护就业阻止 TPP、扩大社会保障等，这些在美国主流话语体系中常常被忽视或被认为不重要的议题却出现在了桑德斯的政治主张中。桑德斯十分注重表达自己的政治信念，尤其关注美国的金权政治和经济不平等问题。2010 年，当桑德斯还是佛蒙特州参议员时，奥巴马曾与国会达成一致，要延长对富人的减税政策，这遭到了桑特斯的强烈反对。随后桑德斯就社会公平问题发表了长达 8 个多小时的演讲。在本次美国大选的初选中，桑德斯选择了站在 99% 的美国人民一边。他提出："我们要创造一种服务于全体人民，而非仅仅服务于 1% 的理念。我们要把最低工资提高到 15 美元/小时。我们要实行男女同工同酬。我们要提供全世界最好的教育资源，让公立院校学费全免。"①桑德斯激进

---

① "The Transcript of Bernie Sanders's Victory Speech", https://www.washingtonpost.com/news/post-politics/wp/2016/02/10/the-transcript-of-bernie-sanderss-victory-speech/? utm_term = .04ee3ef20f2a.

的政治主张恰恰迎合了美国民众寻求改变的内心需求，他在竞选演讲中不断使用"革命""运动"等词语，使美国人民找到了愤怒的出口，并由此产生了一种对社会主义的向往之情，他给美国未来社会的发展提出了一个具体的方案，这让许多美国人看到了希望。

（四）桑德斯在美国大选初选中异军突起是资本主义矛盾发展的必然结果

2008 年由美国次贷危机引发的全球性金融危机宣告了新自由主义的破产。这次危机给世界带来了巨大损失，各国经济增长明显放缓，部分主要发达国家或地区经济陷入衰退。从表面上看，这场金融危机是美国在 20 世纪 70 年代以来的金融自由化进程中出现的一系列因素相互交织所致，包括掠夺性的贷款、大量没有充足准备金的借款、不透明的金融市场和泡沫经济、存在问题和风险的金融产品、违规操作等。但根本上，这场金融危机是资本主义生产社会化与生产资料私有制之间的矛盾，即资本主义社会基本制度的内生性矛盾在经济全球化条件下深入发展的必然结果。因此，可以说正是资本主义制度本身导致了这场危机。

在 2016 年新罕布什尔州初选胜利后,桑德斯在胜利演说中对美国的现状进行了描述:"我们伟大的国家是建立在一个简单的原则基础上的,这个原则就是公平。当我们今天收入和财富不平等程度几乎已经超过地球上所有主要国家时,这是不公平的。当顶端的 1% 的人里的前十分之一拥有的财富几乎和剩下底端 90% 的人一样多时,这是不公平的。当这个国家的 20 个富豪拥有的财富超过了全国一半人口的总财富时,这是不公平的。"[1]这些现象,客观地反映了美国等资本主义国家的社会现状,即寡头政治——资本家阶级掌控美国的经济,继而操控政治选票;工作岗位不断流失,贫富差距不断扩大,中产阶级萎缩;医疗体系私有化、垄断化导致看病难、看病贵;永无休止的战争,不断增长的环境灾难威胁。

由此可见,并不是桑德斯的出现才把美国人推向社会主义,桑德斯在美国大选初选中异军突起从侧面折射

---

① "The Transcript of Bernie Sanders's Victory Speech", https://www. washingtonpost. com/news/post - politics/wp/2016/02/10/the - transcript - of - bernie - sanderss - victory - speech/? utm_term =. 04ee3ef20f2a.

69

出美国等发达资本主义国家的困境,桑德斯的胜利从根本上说是美国资本主义矛盾发展的必然结果,2011 年 9 月的"占领华尔街"运动、2014 年《21 世纪资本论》的畅销以及 2016 年 4 月的"民主之春"运动都是证明。在未来的四年、八年乃至更久之后的美国大选中,只要资本主义基本矛盾不改变,美国就会反复看到以新的面孔出现的桑德斯。

(五)桑德斯真的是社会主义者?

桑德斯基于目前美国社会发展的困境和由此导致的不平等问题,提出要进行社会变革,重建福利国家,实际上是陷入危机中的资本主义政治经济秩序倒逼出来的改良主义者,他的政治理念代表了统治阶级对这些变化的反应。我们应该清醒地认识到,桑德斯口中的"社会主义"是西欧式的"民主社会主义",而不是马克思、恩格斯的"科学社会主义",更与"中国特色社会主义"大相径庭。桑德斯也不是真正意义上的社会主义者,而是资本主义的改良者,是一位民主社会主义者。早在 1990 年,桑德斯就认为社会主义不等同于国有化,社会主义的意义在于建立一个能让所有人都过上体面生活的国家和世界。

2016 年美国总统大选中,桑德斯也坚持了这样的看法,他本人极力强调自己所主张的"民主社会主义"不同于苏联,而他的支持者也认同这一点。桑德斯说:"民主社会主义就是政府反映普通民众的利益,而不是像现在这样反映亿万富翁阶层的利益。"①

因此,桑德斯推崇的是北欧斯堪的纳维亚式的民主社会主义实践模式,他的理想是像挪威、瑞典、丹麦这些国家一样实现免费高等教育、丰厚的员工福利以及全民医疗,建立自由市场与提供公共服务相结合的强大政府,从而追求多数人的民主,形成平等的社会。这样的"社会主义",与马克思主义的社会主义区别很大,它仅围绕民主、平等、正义做文章,更多地体现在对现存制度的口诛笔伐上,而不讲阶级关系和矛盾,不提生产关系变革和制度替代,更不组织阶级队伍和独立政党。桑德斯攻击"亿万富翁们"的贪婪,指控收入不平等是"我们时代最大的道德问题",声称要复兴"伟大的美国中产阶级",却从未

---

① " Sanders Explains Virtues of Democratic Socialism ", http://www. washingtonexaminer. com/sanders – explains – virtues – of – democratic – socialism/articl/257115.

提出要废除私有制、推翻资本主义制度。这些"社会主义"思想带有浓厚的改良社会主义色彩,是美国20世纪罗斯福"新政"和约翰逊"伟大社会"的继续。作为资本主义病床边的医生和护士,桑德斯更感兴趣的是公平分享美国梦,他不过是在资本主义制度的框架下,把社会主义作为一种价值追求,运用社会主义的原则对资本主义生产关系进行局部调整,而不是建立社会主义社会,其根本目的是避免在美国发生工人阶级的独立政治运动和社会主义革命,以求通过温和改良的方式换取资产阶级统治的长治久安和对劳动人民的持续剥削。

桑德斯的直接影响是迫使希拉里和民主党建制派接受了他的部分主张,说明正是因为美国资本主义进行了带有社会主义性质的改革,使美国的资本主义成为资本主义的社会主义形式,才在一定程度上缓和了美国由科技革命、经济危机和社会急剧转型所带来的社会冲突,巩固、加强了资产阶级的统治秩序,分化、削弱了以实现公平、正义为目标的社会主义运动。但是美国作为资本主义发展最典型的国家,资本主义矛盾也最深刻地展露,美国资产阶级试图在现有体制内对资本主义制度的改革和重建,不可能从根本上消除生产社会化和生产资料私有制之间的矛盾,也不可能消除资产阶级与工人阶级的斗争。尽管每个国家走向社会主义的时间和路线都不尽相同,但由社会规律所决定的社会总的发展趋势不会改变。桑德斯式的"民主社会主义"在美国无法取得成功,但社会主义代替资本主义的历史发展趋势不会改变。

五　21 世纪初美国社会主义运动面临的机遇与挑战

2017 年 5 月 14 日,中华人民共和国主席习近平在北京"一带一路"国际合作高峰论坛上发表主旨演讲,明确提出:"从历史维度看,人类社会正处在一个大发展大变革大调整时代。世界多极化、经济全球化、社会信息化、文化多样化深入发展,和平发展的大势日益强劲,变革创新的步伐持续向前。"[①]这一判断表明,当今世界正处于变革与发展的时期,这为我们重新思考和研究世界社会主义运动的形势、条件和环境提供了契机。作为世界社会主义运动的有机组成部分,美国社会主义运动在长期的社会主义实践中,经历了各种曲折,积累了丰富认识。进入 21 世纪,以萨姆·韦伯为首的美共新领导班子对社会主义基本理论进行了新发展,并提出新的实践斗争战略

---

① 习近平:《携手推进"一带一路"建设——在"一带一路"国际合作高峰论坛开幕式上的演讲》,人民出版社,2017,第 4 页。

策略。2014年,约翰·巴切特尔接替萨姆·韦伯成为美共新一届的主席,开启了美共独立自主探索美国社会主义道路的新篇章。21世纪初期,随着美国国内外政治、经济、文化状况发生深刻变化,美国社会主义运动一方面面临机遇和蕴藏着巨大的潜力,另一方面也必然面临各种困难与挑战。

(一)世界社会主义运动进入振兴阶段

世界社会主义运动在20世纪创造了蓬勃发展的历史辉煌,也经历了许多磨难,更在世纪末东欧剧变、苏联解体后,遭遇了前所未有的挫折,长期处于低潮。1992年,日裔美籍学者弗朗西斯·福山发表了《历史的终结和最后的人》,认为东欧剧变和苏联解体,标志着冷战的结束和社会主义走向失败,西方的市场经济和民主政治已经是人类社会的最优选择,历史将终结于资本主义。这一结论在当时得到了西方世界的普遍认同。世界社会主义的前途命运问题,十分尖锐地摆在世人面前,等待回答。21世纪初,从总体上看,"资强社弱""西强东弱"的格局仍然持续,但在资本主义危机中"历史终结论"走向终结,社会主义并未像西方资产阶级政治家希望的那样

"已经死亡"。尤其是自2008年以来,资本主义世界陷入了历史上最严重的经济危机之中,与资本主义相反,现实社会主义国家的经济却仍在稳定地快速增长,世界社会主义运动已开始走出苏东剧变后的低谷,在经历了严峻挫折考验后重新奋起,出现了振兴的征兆。

21世纪社会主义的振兴取决于现存社会主义国家的发展状况和当代资本主义的发展趋势。

1. 从社会主义方面来看,21世纪世界社会主义将在更高起点、更高层次上继续前进

21世纪世界社会主义运动积累了丰富的经验,共产党人通过分析和总结,已变得更加成熟和理性。苏东剧变的发生为社会主义理论的创新提供了宝贵的历史借鉴,从反面警醒了世界共产党人,苏联模式的社会主义存在弊端,需要总结教训,找到符合本国实际的社会主义模式。此后,中国、古巴、越南、老挝、朝鲜等国长期执政的共产党在曲折中探索,在反思中调整,努力摆脱苏联模式的束缚,通过改革纠正了历史上曾经出现的失误,不断完善社会主义体制,从而巩固了社会主义阵地,并得到较快发展。各资本主义国家共产党则积极与本国左翼政党合

作,将马克思主义基本原理与本国的实际相结合,探索各具特色的社会主义发展道路,形成了各国共产党人在社会主义低潮中不断奋进的生动局面。特别是新时代中国特色社会主义理论与实践更为世界社会主义在 21 世纪的振兴提供了强大动力。中国改革开放和现代化建设所取得的辉煌成就表明,社会主义模式已在当代中国发生了革命性转换。中国作为社会主义的中流砥柱,在世界社会主义运动的低潮期,以邓小平为代表的中国共产党人,把马克思主义基本原理与中国实际和时代特征相结合,创造性地提出了建设有中国特色的社会主义理论,初步系统回答了"什么是社会主义,怎样建设社会主义"这个重大社会历史问题。党的十八大以来,面对新形势、新任务,以习近平同志为核心的中央领导集体,着眼于解决当代党和国家事业发展面临的重大理论和现实问题,提出全面建成小康社会,实现中华民族伟大复兴的中国梦的宏伟目标,体现了我们党治国理政的新思路,绘就了中国未来发展的蓝图。2017 年 10 月 18 日,中国共产党第十九次全国代表大会在北京开幕。习近平代表第十八届中央委员会向大会做了题为"决胜全面建成小康社会夺取新时代中国特色社会主义伟大胜利"的报告,指出"中国特色社会主义进入了新时代"。报告中习近平总书记提出了一系列新理念新思想新战略,创立了新时代中国特色社会主义思想,为中国共产党人立起了新的历史坐标,为马克思主义注入了新的真理力量,为中国特色社会主义事业提供了新的战略指引。正如邓小平所说:"只要中国不垮,世界上就有五分之一的人口在坚持社会主义"[1],"只要中国社会主义不倒,社会主义在世界将始终站得住"。[2] 中国的持久稳定和进步是世界各国和平与进步发展的一个关键因素。新时代中国特色社会主义在理论与实践上的突破对世界社会主义事业的发展具有强大的示范效应。如今,世界社会主义正由单一、传统的观念和模式转变为各具民族特色和时代特征的社会主义新观念和新模式。创造性地将马克思主义基本原理同本国的具体实际相结合,已经成为当前世界社会主义运动发展的主流,也是国际共产主义运动发展进程中的又一次

---

[1] 《邓小平文选》第 3 卷,人民出版社,1993,第 321 页。
[2] 《邓小平文选》第 3 卷,人民出版社,1993,第 346 页。

飞跃。

2. 从资本主义方面来看,当代资本主义的剥削本质和基本矛盾仍然存在,西方资本主义国家普遍进入了"瓶颈"时期

世界资本主义在经历了 20 世纪空前严重的经济危机、世界战争和无产阶级革命的冲击后,通过自身不断改革,在一定程度上缓解了资本主义矛盾。二战后,世界资本主义进入了国家垄断资本主义的新阶段,欧美主要资本主义国家普遍加强了对经济的干预,建立完善的社会福利制度,进行产业结构调整,资本主义国家在 50 ~ 70年代迎来了经济高速发展的"黄金时期"。但好景不长,2008 年爆发的全球性经济危机对资本主义再次造成了沉重打击,给发达国家带来了长久的经济衰退。这场金融危机是美国资本主义基本矛盾在新的历史条件下进一步发展的必然结果,说明二战后资本主义制度并没有发生根本改变,资本主义框架内的修修补补不但不能克服资本主义本身所固有的矛盾,反而使这些矛盾不断加深和扩大,最终演变为经济危机和社会冲突。尽管当代资本主义在生产关系、上层建筑等各方面都发生了一系列新

变化,但资本主义本身无法克服生产社会化与生产资料私有制的矛盾,不能改变工人阶级被剥削被压迫的地位,不能解决贫富不均、公平、正义等社会问题。因此世界社会主义运动在21世纪的发展与振兴是必然的趋势,不可逆转。

在人类历史已经成为"世界历史"的条件下,任何一国的社会主义运动都不可能孤立发展,21世纪初期世界社会主义运动进入振兴阶段这一历史大背景将为美国社会主义运动在21世纪初的发展提供难得的历史机遇和外部环境。

(二)社会主义思潮在美国得到发展契机

21世纪初资本主义经济危机的爆发和加剧,使社会主义及进步力量对资本主义批判的主张和观点得到了实际的检验和彰显,长期被忽视的社会主义理念和思潮在美国得到了良好的发展契机。伴随着危机后资本主义的自我修补与调控,社会主义力量正在以一种缓慢的方式,进行着安静且漫长的"革命"。在美国,社会主义非但没有被资本主义消灭,反而被资本主义接受了。现阶段的美国虽然仍然没有建立起社会主义制度,但在其经济和社会的发展中随处可见社会主义的思潮。

1. 广泛的福利制度得以完善

李普赛特在谈论"美国为什么没有社会主义"时指出,社会主义不仅指公有制和计划经济,也指建立广泛的福利制度。事实上,20世纪美国在福利制度上不断成熟,尤其是30年代的罗斯福"新政"和60年代的约翰逊政策,社会福利制度更是快速地发展与完善。到2004年,美国联邦政府的预算开支中有19.5%用于资助老人、穷人、残疾人的医疗保险项目;21.6%用于社会保障金;9%用于失业补助,穷人家庭的住房、食品、收入补助及税收返还。如果把社会保障金、医疗保险费、贫困失业补助等算作广义的福利开支,那么美国的福利开支已占据了美国联邦政府开支的一半以上①,美国已俨然成为一个福利国家。而恰恰是这些社会福利措施弱化了美国工人阶级的阶级意识。

2. 社会主义理念得以传播

美国批判和反对资本主义的社会主义组织在21世

---

① 刘瑜:《民主的细节》,上海三联书店,2009,第140页。

纪初也在不断地以各种形式开展活动,包括出版研究著作、报纸杂志、宣传材料,举行国内或国际的各种讨论会议等,系统地批判和揭露资本主义制度的弊病和罪恶,宣传社会主义思想。近20年来,每年4月中旬在美国举办的"社会主义学者大会",是美国社会主义学者的大型年会,已成为美国马克思主义活动的传统。每年的会议都会根据当前国际和美国形势的变化及马克思主义者和社会主义者的任务确定主题。由于参与会议的马克思主义学者和组织越来越多,"社会主义学者大会"已经逐渐发展成为世界马克思主义学者的年会,每年都会有来自全世界几十个国家的数千名学者参加。2016年1月4日,美共针对金融危机后美国出现的歪曲和否定社会主义的风潮,在"人民世界"网站刊发了苏珊·韦伯的文章《所有人都在谈论"社会主义",但到底什么是社会主义?》,就社会主义的内在含义、本质承诺、对美国社会的意义及其实现途径等问题提出了见解,引起广泛关注。之后,"人民世界"围绕这些问题又连续刊登了一系列文章,由此在美国掀起了一场关于"社会主义"的大讨论。讨论中既批驳了错误观点和主张,也提出了很多新的认识和见解。①

3. 社会主义思想得以研究

随着笼罩在人们心头的苏东社会主义崩溃阴影的消逝和资本主义全球化的加剧,越来越多的美国人认识到解决美国问题仍须从马克思那里寻求答案。美国的学术界中还有很多批判资本主义、研究社会主义的学者、教授。现在美国各主要大学选修马克思主义哲学的大学生同 1995 年以前相比有了明显增加,增加的比例在 1/3 左右。② 2011 年,美国政论家约翰·尼古拉斯出版了《美国社会主义传统》,通过一系列历史事实来说明美国与社会主义的联系,从沃尔特·惠特曼和美国精神、托马斯·潘恩和红色共和主义、亚伯拉罕·林肯解读马克思到社会主义理念在美国密尔沃基的实践、社会主义者拯救"第一修正案"再到美国的激进社会主义者游行,对与美国社会

① Susan Webb, "Everyone's Talking about Socialism, but what is it?", http://www. peoplesworld. org/article/everyone – s – talking – about – socialism – but – what – is – it/.
② 张金鉴:《当代美国左翼现状及其发展前景》,《国外理论动态》2001 年第 2 期。

主义传统相关的重要人物、思想、事件等进行了梳理。他明确提出,美国是一个具有社会主义传统的国家,社会主义观念在过去的两个世纪中塑造和巩固了美国,要理解美国,尊重这个国家的过去、现在、未来,就必须承认社会主义这个传统。① 美国哥伦比亚大学著名经济学家、诺贝尔经济学奖获得者斯蒂格利茨 2013 年出版了《不平等的代价》一书,直面美国的贫富分化问题,指出美国社会中自由市场所造成的严重不平等的现状不仅是结果上的不平等,而且是与"美国梦"背道而驰的机会不平等。②

由此可见,社会主义思潮对 21 世纪初的美国有着广泛的影响,美国学者一直在尝试用某些社会主义的方式对资本主义出现的问题进行调整。21 世纪美国社会主义的发展,前提条件应是社会主义理论与思潮的复兴,只有坚持和发展马克思主义的科学社会主义理论,才会有美国社会主义实践和运动的复兴。

---

① 〔美〕约翰·尼古拉斯:《美国社会主义传统》,陈慧平译,社会科学文献出版社,2013,第 7 页。
② 〔美〕约瑟夫·E. 斯蒂格利茨:《不平等的代价》,张子源译,机械工业出版社,2013,第 16～18 页。

(三)金融危机后美国民意开始转变

历史经验证明,资本主义的每一次重大危机都会对世界社会主义产生深刻的影响。资本主义危机所带来的各种矛盾和变化,势必会引发资本主义新一轮的大变动和大调整,从而影响到世界社会主义的发展状况以及战略的调整和变化。[①]

由次贷危机引发的全球金融危机是 20 世纪以来世界资本主义发生的第三次危机,这次危机造成了国际金融市场的剧烈震荡,全球经济随之普遍陷入衰退。作为危机的发源地,美国的金融体系和实体经济均受到较大冲击,陷入了自 20 世纪 30 年代大萧条以来最严重的经济衰退,并造成严重的社会动荡。据美联储统计,2008 年美国家庭资产净值较之 2007 年末减少 11 万美元,养老金损失近 2 万亿美元;2009 年美国财政赤字高达 1.75 万亿美元;房地产业急剧萎缩,2009 年 1 月新房开工项目只有 47 万个,是 1959 年有可比数字以来的最低水平;道琼斯指数和标准普尔

---

① 姜辉:《21 世纪的世界社会主义:新格局、新特征、新趋势》,《世界社会主义研究》2016 年 1 期。

500 指数比 2007 年 10 月下跌一半以上,跌至近 12 年来的最低点,市值缩水近 10 万亿美元;2009 年 2 月,花旗银行、美国银行和摩根大通美国三大银行业巨头同时宣布,总共削减了原先给予企业的 1.5 万亿美元信贷额度。

本次金融危机是由资本主义经济制度本身造成的,是资本主义生产方式内在矛盾不可调和的产物,表现为金融机构过度竞争以获取利润,投机和金融创新弱化了监管、增加了金融系统性风险,社会财富集中在金融领域,虚拟经济与实体经济之间的失衡日益严重,最终作为美国核心经济的金融业及房地产服务业被高度虚拟化。面对危机,奥巴马上任之后很快回到罗斯福新政的老路上,提出了"财富均沾"的政纲,承诺要停止减税,使医疗保障覆盖所有美国公民,加大对公共设施的投入,以解决大量的失业人口问题。2009 年 2 月 17 日,奥巴马签署了总额高达 7870 亿美元的刺激经济法案——《美国复苏与再投资法案》(American Recovery and Reinvestment Act),将改善基础设施作为刺激经济政策的重要组成部分。同年 4 月 16 日,奥巴马宣布投资 80 亿美元建设全国高速客运铁路网络。接着奥巴马加大了医疗改革力度,2010 年通过了

《医疗保险改革法案》。该法案规定所有正常收入的人都必须购买医疗保险,所有雇主都必须为雇员购买医疗保险。此外,联邦政府对低收入个人和家庭给予医疗补贴。①

时至今日,当时舆论看来奥巴马的这一系列"社会主义化"的措施,实际效果并不明显。奥巴马并未为美国带来颠覆性的革新,现今的美国经济有回暖迹象,但始终未能完全从金融危机的影响中恢复过来。9年过去了,美国社会面临的各种问题仍然难以解决。金融危机不仅危及美国年轻人、下层劳动者,而且伤及作为西方社会中流砥柱的中产阶级。在危机中,昔日的中产阶级财富多数已大幅缩水,美国家庭的结构正在由中间大、两头小的"橄榄球状"逐渐向两头大、中间小的"哑铃状"变化。② 2014年,法国著名经济学家托马斯·皮凯蒂所著《21世纪资本论》的流行,说明了在金融危机后全球无论是发达国家还是发展中国家对社会不平等、贫富差距拉大等问题的高

① 武彬、刘玉安:《为什么美国没有社会主义?——兼论奥巴马政府的治国理念》,《当代世界社会主义问题》2012年第4期。
② 轩传树:《西方国家共产党对全球金融危机的解读》,《当代世界与社会主义》2009年第2期。

度关注,美国民众也清醒地认识到,美国既是世界上最发达的国家,也是世界主要发达国家中两极分化最严重的国家。皮凯蒂指出,1913~1948 年,美国收入不平等状况突然减轻,美国收入最高的 10% 的人群年收入总额所占的全国年收入总额由 50% 下降至 35% ,但从 20 世纪 70 年代以来,美国收入不平等又显著加剧,2012 年这一份额又重回 50% ,为 20 世纪 20 年代以来最为严重。[①] 德国经济学家维尔纳·桑巴特在他的名著《为什么美国没有社会主义》一书中曾经提到,美国工人拥有比欧洲工人更好的经济条件是美国在 19~20 世纪难以产生社会主义运动的重要原因。如果桑巴特的观点正确,那么金融危机之后的 21 世纪,美国经济复苏乏力、贫富差距进一步扩大则为社会主义在美国的发展提供了机遇。

金融危机爆发后,美共在美国群众中的声望有所提升,党员队伍基本稳定,党员人数甚至有一定增长。[②] 各

---

① 〔法〕托马斯·皮凯蒂:《21 世纪资本论》,巴曙松等译,中信出版社,2014,第 13 页。
② 聂运麟:《世界社会主义运动发展的现状及面临的挑战》,《思想理论教育》2016 年第 11 期。

类抗议游行和集体活动在美国风起云涌,由社会主义者发动的"占领华尔街"运动虽然最终失败,却直接表达了对奥巴马政府"救市新政"的不满,提出了"走向社会主义"的口号。早在2011年,皮尤就有调查显示,30岁以下的美国人中有49%积极看待社会主义;到了2016年,《波士顿环球报》在美国总统大选新罕布什尔州初选前的调查显示,35岁以下的选民中有超过50%自称是社会主义者,越来越多的美国人开始拥抱社会主义,指望通过制度的变革帮助美国走出困境。多年来自我标榜为"民主社会主义者"的民主党总统候选人初选代表伯尼·桑德斯更是异军突起,在好几个州的初选中都击败了党内竞争对手、政治豪门希拉里·克林顿,这一现象也从侧面折射出桑德斯激进的政治主张迎合了美国民众寻求改变的内心需求,桑德斯在初选中的不俗成绩,正是美国人民民心、民意的真实表现。

(四)特朗普时期美国社会主义运动面临新的挑战

当然,21世纪初期,美国社会主义的运动也面临着新的问题和挑战。从现阶段世界社会主义与资本主义的力量对比看,虽然世界社会主义正在逐渐走出苏东剧变后的低谷,但在总体上,苏东剧变的深远影响依旧存在,资本主义仍然处于攻势,"资强社弱"的局面并未从根本上改变。在世界范围内,资本主义国家的共产党员总人数只相当于过去的三分之一,各国的社会主义政党及力量仍然缺乏联系和合作,在政治生活中被边缘化,处于相对弱小和分散的状态。2008 年金融危机后,资本主义国家的工人运动在一定程度上有所复苏,迎来了新一轮反对资本主义特别是新自由主义的热潮,但也未取得实质性的进展,还远未达到高潮。2016 年 11 月 8 日,美国在经历了历史上"最疯狂的一次大选"之后,地产大亨唐纳德·特朗普最终力克希拉里·克林顿成功入主白宫。特朗普于金融危机持续恶化的 2016 年上台,这不仅表现出美国民众对美国政治、经济与社会现状的不满已经达到新高,而且意味着美国的政党政治也正在发生前所未有的变化,美国可能进入一个史无前例的极右翼保守主义势力主导的历史时期,这无疑会对美国未来的社会主义运动带来巨大影响。

1. 改良主义在美国盛行

特朗普上台后,美共宣称美国正处于历史上最重要的时刻,一场大规模的民主运动已经开始挑战特朗普政府及其华尔街和商会支持者。美国的社区、校园以及全国各地的城市和城镇的人民运动风起云涌,要求弹劾特朗普,支持国会调查的有力开展,并结束极端右翼的挑衅行为。但是这些运动大多数诉求碎片化,缺乏核心组织领导以及与民主党的有效互动,难以形成合力。人民群众中普遍存在的是改良资本主义的要求,更多的还是把斗争目标定位在维护和争取现实的政治、经济和社会权益方面。这些斗争并不能从根本上解决资本主义的危机,也远未强大到将社会主义取代资本主义的要求提上日程。如何对当前具有发展潜力的群众运动加以引导使之最终演变成"为了绝大多数人利益的绝大多数人的运动",是当前美国社会主义运动面临的一大挑战。

2. **工人运动与社会主义运动分离**

2016 年美国大选证明,当工人阶级还没有被社会主义政党组织起来形成一个自为阶级的时候,作为自在阶级,其成员存在被各种其他政治组织和意识形态所吸引的可能。桑德斯失败的原因,除了民主党高层和希拉里的不公平竞争外,美国大量工人阶级选民被特朗普吸引,也是一个重要原因。实际上,"工人阶级"这一概念在美国几十年来的政治语境中长期被忽略,美国的工人阶级中,存在相当大比例的资产阶级化的"工人贵族"阶层,他们自认为是中产阶级,充当了资产阶级在工人运动中的真正代理人角色,这是二战后美国资本主义制度在国际共产主义运动冲击下能够顽强生存下来的重要原因。如何将社会主义运动与工人运动相结合,领导和赢得工人阶级的多数是美国社会主义运动在 21 世纪初面临的又一问题。

3. 美国共产党亟待发展

特朗普成功当选总统折射出美国社会所面临的各种问题,包括工资停滞不前、无法偿还学生债务、警察谋杀、全球变暖以及种族主义、性别歧视和同性恋恐惧症等。现阶段,美国工人阶级和人民越来越期待美共能为美国的社会问题提供革命性的解决方案,这就要求美共首先成为一个强大的政党。但是美共在美国政治生活中长期处于受排挤甚至被边缘化的地位,自我变革和创新能力尚且不足,影响力和领导力都比较薄弱,发挥的作用还相对微小。美共目前在全国拥有的党员人数虽然在特朗普上台后有近千人的增加,但总数仍然不超过 1 万人,而且大多数成员年事已高,候补力量不足,如何增加党员人数、加强新党员的组织归属感、增强党的影响力,这些问题都亟待解决。此外,面对资本主义的危机,美共也表现出经验不足、能力不够,不能制定出改变现状的有效对策,难以将群众对资本主义的不满引导为有效的社会主义运动。例如美共将 2008 年金融危机的产生仅仅归咎于新自由主义主导的金融自由化进程在操作层面的失误,而忽视了这场危机首先是资本主义内在矛盾发展的结果,并由此提出了所谓"更为理想的解决方案"或"新的经济治理模式"等替代新自由主义的方案,其本质不过是按照凯恩斯主义和罗斯福"新政"的思路,调整企业和政府的关系。① 因此,美共自身的弱小和理论上的不成熟在一定程度上制约了 21 世纪初美国社会主义运动的深入发展,美国的社会主义运动要想在 21 世纪取得突破,美共必须从解决自身存在的各种问题做起,进行自我变革,使党的思想观念、主要功能、组织结构、运行机制等适应

① 轩传树:《西方国家共产党对全球金融危机的解读》,《当代世界与社会主义》2009 年第 2 期。

社会发展的新变化。

4. 美国对社会主义充满成见

虽然美国历史上一直存在社会主义传统,但由于受到"美国例外论"的影响,以及美国政府长期以来对共产主义意识形态和社会主义国家的诋毁和丑化,再加上美国人先入为主的自由主义与实用主义传统,实际上社会主义思想从未真正进入美国的主流思想。在2016年美国大选中,共和党人几乎每次提到桑德斯的名字时,都会附加上"社会主义者"这个词,试图将桑德斯妖魔化,给人留下一个不顾后果、危险的社会主义者将改变美国人生活方式的印象。① 美国人持有一种根深蒂固的不利于社会主义运动的成见已经成为影响美国社会主义发展的老问题,要改变这种状况,需要一个漫长的发展过程。这种社会环境,对21世纪初美国社会主义运动的发展是不利的。

面对特朗普时期的种种困境,美共认为现阶段已经取得了一个重要胜利,即暂时阻止了特朗普企图对奥巴

---

① 萧达、崔杰通:《桑德斯参加美总统竞选带火"社会主义"争论》,《环球时报》2015年10月22日。

马医保法案的废除。但战斗远未结束,为了争取成功,工人运动和广大工人阶级必须发挥领导作用。为实现社会主义的目标和迎接新的挑战,美共在 2017 年 11 月 11 ~ 12 日召开了全国党建会议,会议在芝加哥、纽黑文、洛杉矶和奥兰多进行在线直播,美共向全体党员、俱乐部和地区都发出了参会邀请,美共决心抓住 2018 年的中期选举机会,打击立法机关极右翼的权力。①

机遇前所未有,挑战前所未有。虽然当今美国资本主义仍然是高度发达的资本主义,自我创新、调节和更新的能力都还很强,还远未发展到尽头,短时期内美国社会主义运动还难以取得成功,甚至还将遇到很多坎坷与曲折;但由社会规律决定的社会总的发展趋势是不会改变的,只要资本主义制度仍然在美国存在,美国对社会主义道路的探索就不会消亡。

---

① "National Party Building Conference", http://www.cpusa.org/event/national-party-building-conference/.

六 美国社会主义运动曲折发展的原因及其对发达资本主义国家社会主义探索的启示

虽然在 21 世纪初期,世界社会主义运动已经有所恢复和发展,出现了振兴的征兆,但是毕竟苏东剧变对社会主义运动造成的伤害极其深重,加之高新科技革命条件下资本主义国家自身的改良与调整能力,在世界范围内,"资强社弱"的整体态势依然没有改变,特别是在发达资本主义国家,社会主义政党的力量仍处于相对弱小和分散的状态。因此,21 世纪世界社会主义运动的发展一定程度上取决于发达资本主义国家对本国社会主义道路的探索。美国作为发达资本主义国家的头号经济强国,其社会主义曲折发展的经验和教训对发达资本主义国家的社会主义探索具有重要借鉴意义,美共作为发达资本主义国家社会主义政党的典型代表,其理论方针和政策对 21 世纪的世界社会主义运动将产生深远影响。

(一)美国社会主义运动曲折发展的原因

19 世纪和 20 世纪社会主义运动席卷整个欧洲,二战后,欧洲的知识分子基本能够接受马克思主义或至少对其没有敌意,法国共产党和意大利共产党甚至曾经是议会第一大党。虽然美国历史上也有一些社会主义政党产生过一定影响,如美国社会党、美国共产党等,但这些政党没有能够在美国政治中居主导地位,美国也少有发生阶级革命的威胁。作为高度发达的资本主义国家,美国的社会主义运动一直发展缓慢,在战后经历了一个曲折发展的过程。其中既有内因的作用,又有外因的作用,这些因素并不是孤立的,而是相互作用,成为阻碍美国社会主义运动发展壮大的原因。

1.“左”倾教条主义及对苏联共产党的过度依赖

无论是二战时期还是战后,在美共的思想中都出现了不同程度的“左”倾教条主义,特别是在面对战后出现的战争和法西斯危险的问题上。1946 年 2 月,斯大林曾提出战争“在目前资本主义的世界经济发展条件下是无法避免的”的结论。① 1948 年包括苏联在内的欧洲九国

---

① 《斯大林文选》,人民出版社,1962,第 441～442 页。

共产党和工人党情报局成立宣言确认在两大阵营之间有发生战争危险的可能性。① 受苏联的直接影响,美共做出了与实际不符的"左"的结论,认为战争不可避免且迫在眉睫。在处理战后法西斯主义危险时,美共认为美国统治当局存在实行法西斯恐怖专制的可能,因此采取了全面收缩的防守策略,放弃了合法权利的运用,没能赢得工人阶级和广大人民群众的同情和支持。美共不假思索盲目跟随苏共理论,结果使自己的理论与美国的具体国情相脱离,使自己在行动上陷入被动。"左"倾教条主义严重影响了美共的独立自主,对苏共的过度依赖使许多党员感到自己受制于苏联的摆布,失去了对社会主义的信心。最终美共的发展一波三折,自身实力遭受不同程度的削弱。

2. 工人阶级缺乏社会主义式的阶级意识

美国的工人阶级并不具有充分的阶级觉悟和革命思想,这并不是说美国没有社会阶级,而是指美国工人的阶级意识和阶级团结比欧洲的工人阶级薄弱。这一点在桑

---

① 《共产党情报局会议文件集》,人民出版社,1954,第6页。

巴特的《为什么美国没有社会主义》一书中已经得到充分论证。由于美国缺乏封建主义传统和美国资本主义的相对成功,美国工人阶级在政治、经济、社会地位等方面相对于欧洲工人阶级有诸多优势,他们享有更高的工资和生活水平,拥有更为广泛的公民权、相对宽松的阶级流动性和大片的自由土地。美国的一些州早在 19 世纪 20 年代就采用了白人男性的普选权制度,从而防止了社会主义者将经济变化的要求与普选的要求结合到一起。这些特点影响了美国工人阶级观念的形成和发展,成为阻碍工人阶级思想发展的有力武器,甚至在一定程度上有助于在工人阶级中培养小资产阶级的幻想,并引导他们相信即使在资本主义制度范围内,他们的政治经济问题也可以得到解决。

3. 党内派别繁多,分歧严重

美国社会主义政党党内的派别分歧是政党力量遭到削弱的重要原因。美国劳工党的组成虽然弥合了马克思主义者与拉萨尔主义者之间的分歧,但只是暂时的,很快德里昂的双重工会政策就引起党内斗争,导致了党内的两次分裂。美国社会党自成立开始,左、中、右派就在关于产业工会主义问题上产生了分歧,进而引发了1912年的第一次分裂。接着十月革命后,三派又在党的政策和策略问题上产生分歧,最终右派开除了左派,造成党的大分裂。20世纪70年代,更是分裂为"美国社会主义党""美国民主社会主义者""美国社民党"左、中、右三个组织,最终导致社会党名存实亡。而美国共产党在成立以来的90多年中,先后出现了多次派系之间的斗争。首先,在1929年和1945年先后展开了反对洛夫斯顿和白劳德的斗争,因为他们都认为资本主义在美国如此发达,很可能会避免美国的资本主义危机,主张放弃无产阶级专政的思想。接着,1956年面对苏共对斯大林问题的揭露和苏联军事干预匈牙利的武装暴动以及1968年苏军入侵捷克斯洛伐克事件,美共内部又一次产生分歧。美国社会主义工人党同样始终处于不断的分裂之中,它所派生出的派别也许比任何左翼政党都多。总的来讲,美国社会主义政党内部派别之间的意见分歧,难以妥协,使得党员大量退党,严重削弱了党的力量。[1]

---

① 丁淑杰:《美国共产党的社会主义理论与实践》,中国社会科学出版社,2010,第55页。

4. 资本主义的扼制

美国在工业化过程中经济发展十分迅速,从 1894 年工业生产总值上升到世界首位以来就一直处于世界领先地位。虽然美国的产品分配不公,但美国较大的产品总量使美国的生活水平较高。虽然美国贫富差距进一步拉大,但穷人的经济水平在绝对意义上仍然提高很大,除了经济萧条时期,大多数时候,美国穷人还是乐观地认为他们将来会有更多的物质享受。这种较高的经济水平也造成了美国社会较高的阶级流动性,工人阶级普遍相信在美国现有制度下可以通过不断努力改善自己的境遇。在政治上,美国资产阶级两党制的强大,以至于没有一个真正的第三党能成功地发展成为执政党。第三党难以获得竞选运动所必需的大笔资金,难以组织有效的宣传活动。民主党与共和党会随时吸收小党政纲中有用的内容,将其纳入自己的政纲。两党制在美国选举习惯中已根深蒂固,选民不愿将自己的选票浪费在没有获胜希望的候选人身上。因此美国的社会主义运动根本无法找到通过和平选举进入政治中心的通道。此外,美国资本主义还在形势不利时推行改良主义的政策,使美国的资本主义自我修复,成为资本主义的社会主义形式。例如罗斯福"新政"和约翰逊的"伟大社会",都先后建立起了社会福利保障体系,及时挽救了资本主义经济结构中出现的危机。可以说,正是这些带有社会主义性质的改革在一定程度上缓和了美国的社会冲突,巩固了美国资产阶级的统治秩序,削弱了以实现公平、正义为目标的社会主义运动。

5. 政府的镇压

詹姆士·温斯坦于 1967 年出版了《社会主义在美国的衰落,1912 ~ 1925 年》一书,他指出美国社会党是到了第一次世界大战和战后才开始衰落的。而衰落的原因正是政府的镇压和党的分裂。实际上,美国社会主义的激进派要远远少于任何西欧社会,而反对社会主义的狂热情绪却比其他社会更为深远,美国的统治阶级对社会主义力量保持了高度的警惕性,甚至在关键时刻不惜对社会主义政党进行残酷镇压。① 美国历史上爆发过两个阶

---

① 陆镜生:《美国社会主义运动史》,天津人民出版社,1986,第 422页。

段的反共产主义风潮。第一阶段从 1917 年俄国十月革命爆发后延续至 1920 年,就在俄国红色政权开始按自己的道路发展时,欧洲无政府主义者和左翼政治的躁动以及暴力引起了广泛恐惧。第三国际和美国共产党的成立,更使美国统治集团和主流社会恐慌,很快,美国政府发动了一场"红色恐怖"战役。美国司法部部长帕尔默逮捕了 6000 多名社会主义者,将他们监禁起来或驱逐出境,并宣称红色革命将会夺走他们所拥有的一切,把美国大众推向恐慌。列宁曾经揭露,"在美国,在这个从前被称为最自由的国家里,监狱里塞满了社会主义者。"①当局的迫害使具有社会主义倾向的左翼政党的人数锐减。1919 年初,美国社会党有 10.9 万名党员,到 1920 年底,社会党和新成立的美国共产党、美国共产主义劳工党三党合起来才有 3.6 万名党员,美共在成立仅四个月之后就被当局宣布为非法而被迫转为地下。第二阶段开始于1945 年,并几乎贯穿全部 20 世纪 50 年代,美国出现了以麦卡锡主义为代表的反共思潮,这一思潮与统治阶级反

① 《列宁全集》第 28 卷,人民出版社,1956,第 24 页。

共的政治迫害遥相呼应。从 1945 年起,美国政府颁布了一系列反共、反劳工、反民主自由的法案,如《豪伯士法》《凯司法》《联邦忠诚法》,在国内掀起了又一次"红色恐怖"。"十字军"运动大肆渲染共产党侵入美国政府和美国舆论界,用栽赃陷害的方式使美国政府中的大批官员和各领域的著名人士遭到迫害。其中,受打击最深的就是美共。麦肯锡把共产党人及与共产党有接触的人都归为"危及国家安全的危险分子",制造了全社会反共的"红色恐慌"。麦肯锡主义的恐慌所留下的后遗症使"反共为美国的唯一选择"成为日后多年的美国国家政策。

6. 美国人的自由主义与实用主义传统

自由主义已经成为美国政治哲学和政治文化的传统。已故哈佛政治学者路易斯·哈茨在其《美国自由主义传统》一书中认为美国的政治传统自始至终都信奉自由主义。他认同法国学者托克维尔关于美国"天生平等"的见解:"美国人最大的优势是,他们无须经历一场民主革命就实现了一种民主形态;他们生来就是平等的,而非后来才变成平等的。"①即作为移民国家的美国没有封建主义传统,并以此解释为什么美国的政治场景中没有真正的社会主义思潮。在美国,不同种族之间虽然存在相当深的矛盾,但无论是白人还是黑人,都坚定地崇尚自由、民主、个人主义等价值观念,即自由主义。由此,美国人不喜欢别人关心自己的事,不许别人把他们的想法、价值、生活方式强加给自己,他们坚持追求物质上的幸福,难以接受外来的各种"主义"。美国人对自由主义的信仰还或多或少地与实用主义相联系。在《美国的民主》一书当中,托克维尔指出,美国人凡事考虑眼前的利益,而不大追求长远的利益。他们所重视的,是够得到、摸得着、切实存在并能用金钱估价的东西。哈茨认为实用主义作为美国的独特的哲学贡献,已经渗透进美国人的思维方式、理论观念和政治主张当中,它容许政治领袖和政党特别灵活地改变政策,以吸引各种利益集团,因为他们除了恪守美国主义之外,不受任何其他的思想束缚。因此社

---

① 〔美〕路易斯·哈茨:《美国的自由主义传统》,张敏谦译,中国社会科学出版社,2003,第2页。

会主义的大部分内容对于崇尚实用主义的美国人来说是没有吸引力的。

除此之外,美国的社会主义运动未能与工人运动有机结合、宗教和马克思主义的天然对立、苏东剧变产生的消极影响等因素也是导致美国社会主义运动曲折发展的重要原因。这些问题都是美共在今后的发展中需要注意和解决的。我们既要对美国的社会主义运动充满期待,也要承认美国的社会主义发展将是一个充满艰难坎坷的漫长过程。

(二)美国社会主义运动相对于发达资本主义国家社会主义探索的特殊性

虽然现阶段美国社会主义的力量仍然十分弱小,但美国的社会主义运动相对于其他发达资本主义国家也具备自身的特点与优势。第一,美国曾经是社会主义的摇篮,社会主义在其萌芽时代就到美国寻求土壤。欧文、傅立叶、卡贝等思想家在 1827 年前后先后来到美国进行他们的共产主义实验,虽然最终都以失败告终,却为美国奠定了最初的社会主义基础。第二,资本主义发展得越充分,为社会主义建立准备的物质条件就越充分。美国富饶的自然资源、良好的经济基础、较高的生活水平也为社会主义运动的发展创造了有利条件。例如,强大的国力使美国的社会主义运动可以免受外来的干涉,高度发展的工业社会使美国工人得到更好的教育。第三,作为资本主义发展最典型的国家,美国的资本主义矛盾也最深刻地展露,美国资产阶级试图在现有体制内对资本主义制度的改革和重建不可能从根本上消除生产社会化和生产资料私有制的矛盾,也不可能消除资产阶级与工人阶级的斗争。社会矛盾的激化将为美国的社会主义运动提供宝贵的斗争环境和有利条件。

在通向社会主义的道路问题上,美国也有自己的独特性。世界各国走向社会主义的道路各不相同,没有一个国家的社会主义先例可以作为美国的模式,美国必须根据自己的历史传统文化探索具有美国特色的社会主义道路。20世纪初,俄国十月革命率先找到了武装夺取政权的革命道路,俄国成为世界上第一个社会主义国家。中国虽然也采取了革命的道路,但结合了自己的实际,创造性地提出了农村包围城市、武装夺取政权。1988年10月17日,邓小平在与罗马尼亚共产党总书记齐奥塞斯库谈话时就曾指出："我们走的是十月革命的道路,其他国家再走十月革命的道路就难了,因为条件不一样,没有执政的共产党正在寻找其他的、新的途径,但还没有找到一个成熟的观点、成功的办法。"①正如邓小平所说,21世纪,时代主题已经由战争与革命转换为和平与发展,加之新的科技革命的发展使传统产业工人在数量上大为减少,发达资本主义国家福利制度不断完善,采取以往武装方式获得社会主义革命胜利变得困难重重。美共认为美国社会主义可能通过和平方式实现,美国很可能通过选举走上社会主义道路。具体而言,除了要争取议会多数,还必须在议会外开展广泛的群众运动,在经济、文化、政治等各领域占领并扩大阵地,逐步形成工人阶级及其同盟军在社会主义各个阵地的优势。同时,美共也不排除工人阶级在实现社会主义变革时使用革命手段的必要性。苏东剧变让美共对社会主义建设的复杂性、艰巨性和长期性有了深入的认识。美共指出,"在美国,除了工

① 《邓小平年谱(1975—1997)》(下),中央文献出版社,2004,第1254页。

人阶级和大垄断资本家之间的矛盾之外,还存在个体农场主、知识分子、中间阶层、中等资产阶级同大垄断资本之间的矛盾"。基于美国多样和复杂的社会矛盾,美共认为:"美国的社会主义革命分为两个阶段,即反垄断资本的民主革命和社会主义革命两个阶段。"①

(三)美国社会主义运动对发达资本主义国家社会主义探索的启示

1. 对"两个必然"和"两个决不会"的深刻理解

"两个必然"和"两个决不会"的理论是马克思主义的经典理论,这两个理论都是在大量实践基础上产生的,对无产阶级工人运动有着重要的指导作用。1848 年,马克思恩格斯在《共产党宣言》中提出:"资产阶级的灭亡和无产阶级的胜利是同样不可避免的"②,即"两个必然"理论。后来,马克思又在他的《〈政治经济学批判〉序言》中提出:"无论哪一个社会形态,在它所能容纳的全部生产力发挥出来以前,是决不会灭亡的;而新的更高的生产关

---

① 丁淑杰:《美国共产党的社会主义理论与实践》,中国社会科学出版,2010,第 55 页。

② 《马克思恩格斯选集》第 2 卷,人民出版社,1995,第 284 页。

系,在它的物质存在条件在旧社会的胎胞里成熟以前,是决不会出现的"[①],即"两个决不会"理论。"两个必然"与"两个决不会"是辩证统一的,构成了对人类社会历史发展规律的全面认识。"两个必然"揭示了马克思对社会发展一般规律的认识,强调人类社会发展的基本方向是资本主义的灭亡和共产主义的胜利,社会主义代替资本主义是历史的必然。而"两个决不会"着眼于"两个必然"的实现条件,描绘的是人类社会发展的基本历程,说明了社会变化是一个从量变到质变的漫长而曲折的过程,人类社会的发展也是前进性和曲折性的统一。

各个国家的社会主义运动都带有其自身的特殊性和差异性,各个国家社会主义运动的发展程度,都是主客观结合的结果。历史上,美国的民主制度、成功运转的两党制度、开放的边疆地区、自由主义传统等因素在一定程度上阻碍了美国社会主义运动的发展;此后,美国资本主义通过带有社会主义性质的改良,使资本主义的生命得以延续。当今,美国资本主义仍然是高度发达的资本主义,

---

① 《马克思恩格斯选集》第 2 卷,人民出版社,1995,第 33 页。

自我创新、调节和更新的能力都还很强,还远未发展到尽头,短时期内美国的社会主义运动难以取得成功。因此美国的社会主义运动由于受内部原因和外部原因的影响,出现曲折和倒退,从一定意义上说,是难以避免的规律性现象。虽然美国特殊,但美国社会主义运动的曲折发展正好符合马克思恩格斯关于社会发展规律的预言。

美国社会主义的发展历程说明,马克思恩格斯的"两个必然"和"两个决不会"理论在当今并没有过时,仍是颠扑不破的真理,尽管每个国家走向社会主义的时间和路线都不尽相同,但由社会规律所决定的社会总的发展趋势是不会改变的。社会主义在历史发展的长河中是一个自然发展的历史过程,资本主义本身所固有的矛盾是无法在资本主义内部得到解决的,而只有社会主义才能解决资本主义的基本矛盾。相信人类社会在经历了"两个决不会"的历史曲折后终将走向"两个必然",只要我们反思过去,面向未来,社会主义就一定会在全世界取得最后的胜利。

2. 避免"特色论"在理论上走入误区

在国际共产主义运动中,特色论并不是中国改革开放后才提出来的,也不是某一个国家的主张,一些国家共产党在不同时期和不同程度上都有过类似的设想。在中国明确提出中国特色社会主义之前,西方发达国家共产党有过几次明显的特色论尝试,诸如法国色彩社会主义、日本式社会主义,"美国社会主义例外论"也属于其中之一。历史表明,这些特色论中,中国特色社会主义取得了令人满意的成效,中国共产党依据毛泽东倡导的马克思主义基本原理同中国具体实际相结合的原则,总结长期探索所积累的经验,形成了具有中国特色的社会主义道路和中国特色的社会主义理论体系。与之相反的是"美国社会主义例外论"的失败。

　　早在 19 世纪末 20 世纪初,"美国例外论"者就曾经夸大这个特点,强调社会主义是欧洲的舶来品。在史学界,康芒斯—威斯康星学派的代表人物珀尔曼提出"职业意识论"来证明"阶级意识"和社会主义都是欧洲舶来品。他认为,"对于美国整个工人队伍来说,唯一可以接受的就是'职业意识',它只具有'有限的'、'保障工资和控制职业'的目的"。① 20 世纪 30 ～ 40 年代,国际共运史上出

---

① Perlman,S. ,*A Theory of the Labor Movement*,Macmillan,1928,p. 169.

现了著名的白劳德主义。时任美共总书记的白劳德认为,美国的资本主义制度与其他资本主义国家有根本区别,它将不会受到影响着其他资本主义国家发展和衰退的规律的支配。白劳德宣扬美国的阶级斗争已经消失,忽视工人阶级和共产党的领导作用,赞同无产阶级同资产阶级间的阶级合作与阶级和平。他不但没有批判罗斯福,反而幻想美国工人阶级及其政党跟着罗斯福走,一切服从罗斯福的政策就能实现自己的目标。1944 年 5 月,在党的十二大上,白劳德宣布没有必要存在一个革命的政党,随后解散了美国共产党,成立了非党组织"美国共产主义政治协会"。虽然经过党内斗争,隔年之后又恢复了美国共产党,但由此出现了党的思想路线的混乱和组织的分裂,大约 1.5 万名党员流失,给美国社会主义运动造成巨大的损失。

白劳德主义的核心"美国例外论",就是强调美国的国情与别的国家不同,因而美国社会主义要走一条特殊的道路。"美国例外论"虽然无"特色"二字,但其实质上是一种特色论。应该说美国资本主义发展确实具备相对有利的条件:没有封建主义,拥有丰富的自然资源、广阔的土地,所以社会主义运动的确在美国出现了特殊的情况。但这并不表明美国的资本主义可以避免和克服资本主义总危机,一直保持快速的发展。白劳德的"美国例外论"在理论上走入了误区,歪曲了美国的历史和现实,美化了美国的垄断资本集团和资产阶级民主,否定了马克思主义的阶级斗争理论。从"美国例外论"得出美国不适合社会主义的结论,美国可以"例外"地摆脱人类历史发展的客观规律的制约,而永远停留在资本主义阶段,这些显然超出了特色论的界限。所谓的特色,必须建立在充分认识和准确把握本国国情的基础上,建立在坚持矛盾特殊性和普遍性的统一中。美国社会主义运动的历史告诉我们,过去美国的特殊国情并不能构成排斥社会主义的决定性因素,社会主义运动的成败关键在于能否找到适合美国国情的方法和道路。人类社会从资本主义社会进入社会主义社会,是大势所趋,是历史发展的必然规律,是任何国家的特殊性都无法阻挡的。发达资本主义国家只有分析总结"特色论"的经验教训,从中得出有益的启示,才能更好地进行本国社会主义的建设。

3. 重视独立自主与理论创新

要在世界资本主义的心脏地区的美国进行社会主义,这是极其困难的。美国共产党遇到了许多棘手的理论问题和实践问题,也犯过不少错误。纵观美国社会主义运动的历史,发现其时常存有"左"倾教条主义的倾向,表现为照搬苏联经验。左翼史学家哈维·克莱尔指出:"美国共产主义力量的强弱都来自同苏联关系的变化,为苏联利益服务的政策经常要求牺牲自己的利益,放弃自己的宏伟目标去满足苏联的外交政策。"美共是在十月革命的影响下成立的,此后,与各国共产党一样,主要听命于共产国际,也就是听命于苏共中央,因而它的许多做法都带有教条主义倾向,而脱离了美国的实际。十月革命后成立的苏维埃政府号召各国社会主义者进行武装斗争,实现无产阶级专政,但当时美国并不具备这样的形势。美共领导人丹尼斯在总结战后十年工作经验教训时曾指出,美共以教条主义的方式把支持苏联的对外方针作为参加统一战线的标准,没有理解普通工人的实际觉悟水平,忽视了应以经济问题作为维系中左联盟合作的关键条件,结果造成了极为有害的结果。20世纪的整个60年代到80年代末,美共虽然提出要结合美国实际独立自主地开展工作,但这中间美共不加分析地紧跟苏联的做法依然存在。

新时期,美共总结以往经验,秉持着独立自主与理论创新的信条,根据国内国际形势的新变化,对党的理论、纲领、战略和策略进行了调整,已经从学习苏联模式发展为开始独立探索具有本国特色的社会主义发展道路,从教条式地对待马克思主义发展为创造性地运用马克思主义。在2000年纽约"社会主义学者大会"的"社会主义战略选择"的小组讨论中,工人世界党员司各特·莫菲提出:"未来美国的社会主义将按照美国的传统、历史和文化条件来建立,因此它将不同于其他国家的社会主义模式。"未来在强调马克思主义本土化的过程中,能否依据美国特定的国情、文化和传统,处理好马克思主义基本原理与美国具体实际的关系,促进二者的有机结合,将是美共面临的一个历史性课题。邓小平曾经指出:"各国的事情,一定要尊重各国的党、各国的人民,由他们自己去寻找道路,去探索,去解决问题","这应该成为一条重要原则"。[1] 苏东剧变和中

---

① 《邓小平文选》第2卷,人民出版社,1994,第319页。

国特色社会主义的成功也证明了社会主义建设不存在统一的模式,每个国家都必须根据自己的国情和所处时代的特征,建立各具特色的社会主义。

　　21 世纪世界社会主义运动实现了新的转型,通俗讲就是由"三个一"转变成"三个本",即从过去由一个国际中心领导、走唯一革命道路、建设统一社会主义模式的世界社会主义运动,转变成由本国共产党独立自主领导、走符合本国国情的革命发展道路、建设具有本国特色社会主义的世界社会主义运动。① 对于发达国家的社会主义政党来说,只有坚持把马克思列宁主义的基本原理同本国具体实际相结合,坚持独立自主与理论创新,形成具有本国特色的社会主义方针和策略,并在实践中不断突破和发展,才能推动本国和世界社会主义事业的不断发展。

---

① 　聂运麟:《世界社会主义运动发展的现状及面临的挑战》,《思想理论教育》2016 年第 11 期。

居安思危·世界社会主义小丛书
（已出书目）

编号	作者	书 名	审稿人
1	李慎明	忧患百姓忧患党 ——毛泽东关于党不变质思想探寻	侯惠勤
2	陈之骅	俄国十月社会主义革命	王正泉
3	毛相麟	古巴：本土的可行的社会主义	徐世澄
4	徐世澄	当代拉丁美洲的社会主义思潮与实践	毛相麟
5	姜　辉 于海青	西方世界中的社会主义思潮	徐崇温
6	何秉孟 李　千	新自由主义评析	王立强
7	周新城	民主社会主义评析	陈之骅
8	梁　柱	历史虚无主义评析	张树华
9	汪亭友	"普世价值"评析	周新城
10	王正泉	戈尔巴乔夫与"人道的民主的社会主义"	陈之骅

编号	作者	书　名	审稿人
11	王伟光	马克思主义与社会主义的历史命运	侯惠勤
12	李慎明	居安思危：苏共亡党的历史教训	课题组
13	李　捷	毛泽东对新中国的历史贡献	陈之骅
14	靳辉明 李瑞琴	《共产党宣言》与世界社会主义	陈之骅
15	李崇富	毛泽东与马克思主义中国化	樊建新
16	罗文东	中国特色社会主义理论与实践	姜　辉
17	吴恩远	苏联历史几个争论焦点真相	张树华
18	张树华 单　超	俄罗斯的私有化	周新城
19	谷源洋	越南社会主义定向革新	张加祥
20	朱继东	查韦斯的"21世纪社会主义"	徐世澄
21	卫建林	全球化与共产党	姜　辉
22	徐崇温	怎样认识民主社会主义	陈之骅
23	王伟光	谈谈民主、国家、阶级和专政	姜　辉

编号	作者	书 名	审稿人
24	刘国光	中国经济体制改革的方向问题	樊建新
25	有林 等	抽象的人性论剖析	李崇富
26	侯惠勤	中国道路和中国模式	李崇富
27	周新城	社会主义在探索中不断前进	陈之骅
28	顾玉兰	列宁帝国主义论及其当代价值	姜 辉
29	刘淑春	俄罗斯联邦共产党二十年	陈之骅
30	柴尚金	老挝:在革新中腾飞	陈定辉
31	迟方旭	建国后毛泽东对中国法治建设的创造性贡献	樊建新
32	李艳艳	西方文明东进战略与中国应对	于 沛
33	王伟光	纵论意识形态问题	姜 辉
34	朱佳木	中国特色社会主义纵横谈	朱峻峰
35	姜 辉	21世纪世界社会主义的新特点	陈之骅
36	樊建新	我国社会主义初级阶段的基本经济制度	周新城

编号	作者	书　名	审稿人
37	周新城	当代中国马克思主义政治经济学的若干理论问题	樊建新
38	赵常庆	社会主义在哈萨克斯坦的兴衰	陈之骅
39	李东朗	中国共产党是抗日战争的中流砥柱	张海鹏
40	王正泉	苏联伟大卫国战争	陈之骅
41	于海青童晋	欧洲共产党与反法西斯抵抗运动——镌刻史册的伟大贡献	姜辉
42	张　剑	社会主义与生态文明	李崇富
43	王伟光	新时代中国特色社会主义的理论成果	陈之骅
44	朱佳木	同历史虚无主义思潮斗争的有力思想武器	朱峻峰
45	程恩富段学慧	《资本论》与社会主义建设	周新城
46	李崇富	谈谈列宁主义	陈之骅
47	张树华	苏联共产党意识形态工作的教训	吴恩远

编号	作者	书　名	审稿人
48	石镇平	马克思的社会主义观	周新城
49	王　广	马克思主义与全面依法治国	侯惠勤
50	李艳艳	美国互联网政治意识形态输出战略与应对	于　沛
51	雷虹艳	美国的社会主义运动与思潮	姜　辉
52	章忠民 等	解码新时代	程恩富

图书在版编目（CIP）数据

美国的社会主义运动与思潮／雷虹艳著 . -- 北京：
社会科学文献出版社，2018.5
（居安思危·世界社会主义小丛书）
ISBN 978 - 7 - 5201 - 2459 - 1

Ⅰ.①美… Ⅱ.①雷… Ⅲ.①社会主义 - 政治思想史
- 研究 - 美国 Ⅳ.①D091.6

中国版本图书馆 CIP 数据核字（2018）第 053398 号

居安思危·世界社会主义小丛书
美国的社会主义运动与思潮

著　　者／雷虹艳

出 版 人／谢寿光
项目统筹／祝得彬
责任编辑／仇　扬

出　　版／社会科学文献出版社·马克思主义编辑部（010）59367004
　　　　　　地址：北京市北三环中路甲 29 号院华龙大厦　邮编：100029
　　　　　　网址：www.ssap.com.cn
发　　行／市场营销中心（010）59367081　59367018
印　　装／北京印刷集团有限责任公司

规　　格／开 本：787mm×1092mm　1/32
　　　　　　印 张：4.375　字 数：64 千字
版　　次／2018 年 5 月第 1 版　2018 年 5 月第 1 次印刷
书　　号／ISBN 978 - 7 - 5201 - 2459 - 1
定　　价／20.00 元

本书如有印装质量问题，请与读者服务中心（010 - 59367028）联系